创智讲堂

陆 勇 著

创业+心经
从放猪娃到亿万富翁

Experiences on starting a business

From a swineherd to a billionaire

上海大学出版社

图书在版编目(CIP)数据

创业+心经:从放猪娃到亿万富翁/陆勇著.—上海:上海大学出版社,2016.9
ISBN 978-7-5671-2476-9

Ⅰ.①创… Ⅱ.①陆… Ⅲ.①企业管理-经验-中国
Ⅳ.①F279.23

中国版本图书馆CIP数据核字(2016)第198414号

责任编辑 黄晓彦
封面设计 施羲雯

创业+心经:从放猪娃到亿万富翁
陆 勇 著
上海大学出版社出版发行
(上海市上大路99号 邮政编码200444)
(http://www.press.shu.edu.cn 发行热线021—66135112)
出版人:郭纯生
*
江苏句容排印厂印刷 各地新华书店经销
开本787×960 1/16 印张11.75 字数260 000
2016年9月第1版 2016年9月第1次印刷

ISBN 978-7-5671-2476-9/F·157 定价:30.00元

创业人的一叶风帆

写序言本是名人、专家的活，当我接到邀请时，感到受宠若惊。陆勇先生的新作，从点点滴滴的创业历程到细致入微的社会环境分析，犀利的视角、幽默诙谐的语言给创业征途中或准备创业的人们树立了一座灯塔，扬起了一叶风帆。

1995 年初，他来到上海创业，我曾经与他一起共事，目睹了他创业的艰辛，见证他将小纱窗公司发展成为百安居建材超市全国供应商，将“绿娃”打造成为门窗行业知名品牌。多年前，我离开绿娃公司自己创业，如今公司已成为凤铝、华建等中国知名铝型材生产商的隔热条供应商之一。虽然自己事业小有成就，但我没有忘记“绿娃”是我的根，教育我如何做人做事。

作者在书中没有用空洞的所谓经营战略理论来说教，而是用自己的创业经历，分析和判断市场，找出适合自己的市场定位。其最重要的一点：你优势在哪里？也就是亮点，哪怕是一个亮点。

只有将创业当作事业来做，才有可能成功。我刚创业时信心满满，然而创业的路并不是一帆风顺的，有时候我考问自己是否还能坚持下去。现在真正体会到书中所说：“创业的根本是心态，成大事者更在于心态，问问自己能输得起吗？最大限度能输多少？”

做企业应了解市场及竞争对手，只有搞清对手是谁，自己是谁，才会扬长避短，在竞争中生存和发展。

常说“创业难，守业更难”，当企业具有一定规模，面临最大的敌人是诱惑，搞清你在该行业内是否做大做强，要“一米宽，一公里深”。做老板应充满激情，如果 32 岁就想着落叶归根，企业就不可能发展。作者列举这些案例，为的是时刻提醒创业者肩上的责任。员工可以跳槽，你不可以跳，因为你是槽。

作者在《户口》一文中，用户口将他的人生经历串连起来，是一部催人泪下的史诗。最为感动的是书中对妈妈的描写：当孩子成为狗娃一样的乡下人，妈妈捧着户口迁移证，泪水从眼角滑落，妈妈的泪水饱含着无限的期盼；当孩子有幸成为大学生，妈妈捧着户口迁移证，眼里充满着泪花，这是她期盼的果实吧；当孩子大学毕业成为真正的城里人，在捧着沉甸甸的户口本来到妈妈面前，看到她那微笑的脸，也看到她眼角的皱纹和根根白发。

书中对妈妈的情感描述得很细腻："两年后，妈妈没有走完人生的52个春秋，离我们而去，她没有带走遗憾，她很满足。"此段结束语悲伤中充满欣慰，让我们体会到妈妈的爱是无私和博大。

中国改革开放及恢复高考已30多年，然而，中国教育改革的滞后，严重阻碍了中国经济的可持续发展，所产生的效应影响着几代人。作者从企业的角度，分析了中国教育与社会脱节的弊端，呼吁大力发展职业教育，为社会建设培养高素质的实用性人才。

目前中国教育还存在发展不平衡、不公平现象。农村有大量的留守儿童，他们肩负着生活的重担，更在于远离父母的孤独。城里的农民工子女面对户籍、"8大证"的藩篱，他们呼唤在同一蓝天下，能公平地接受义务教育。

21世纪世界经济发展的两大引擎，是美国的高科技和中国的城镇化。作者用房价作为主线，展现农民工进城、乡村空心化的"蚕食现象"与城市群的"磁石效应"等现象。房地产业对中国经济、人民生活影响巨大，一旦出现问题，中国经济可能倒退10年。

企业是社会的一分子，老板只有了解社会，才会融入社会之中。面对危机应该早做准备，沉着应对，并从危机中寻找商机。作者从环境污染之痛、城市交通之堵、股市"上上下下的享受"等方面进行分析，体现了一个企业家关注社会现象、敢于社会担当的社会责任。

人们习惯谈论"高科技""新经济"，其实培养包括农民工在内的人才是根本。作者提出"得农民工者得天下"，打破了人们的习惯思维。如果亿万农民工能成为社会建设高素质人才，中国经济就有可能再创30年的辉煌。

陆勇先生为人低调，不抽烟，不喝酒，十几元盒饭就搞定饭局。他经常说"命运应掌握在自己手里"，这样用不着花费很多时间去应酬。

他善于学习、勇于创新，选择最传统的门窗行业，在茫茫商海中"剑走偏锋"。十几年来，从"绿娃"走出了几十个百万富翁，多项产品成为细分市场中的领头羊。"绿娃"有句广告词："门窗的皇冠，老板的摇篮！"这可能是他追寻的目标，做最好的自己。

杰尔泰新材料（上海）有限公司总经理 胡晓明

真实的老板，真实的世界

年轻的朋友，大家可能正在创业或准备创业，很幸运生长在中国经济高速发展的时代，虽然市场竞争激烈，面临着工作、房子、孩子等方面压力，但是我们看到了中国的市场正日趋成熟，人们的消费理念更加理性，购物方式也发生了巨大变化。

中国改革开放30多年来，占企业总数95%的中小企业，创造了中国60%的税收及80%的就业，如果没有中小企业就没有中国经济的高速发展，就没有社会稳定和安居乐业。

中国改革开放后第一代的老板，多数是文化程度低的草根一族，没有社会资源，没有雄厚的资金，凭着吃苦耐劳的精神，顽强地生存下来。虽然社会上对老板还存在着一些偏见，然而他们用自己的双手，为家人创造了良好的物质条件，为亲朋好友和员工创造了就业机会，体现了人生的价值，我们为他们点赞。

在中国到处是星光灿烂，博士专家如云，其实中国最紧缺的资源是企业家，是老板，即创业者。读几本《成功学》不可能成为企业家，大学课堂也不可能复制出老板。老板靠糊涂胆大成功的时代已经过去，如今的老板拼的是综合素质。

作为草根创业一族，本人20多年前曾担任上千人的大型国企分公司领导，因不安于现状，梦想自己有一套带厨卫的房子，于是怀揣仅有的1万元来到上海滩创业。历经创业的酸甜苦辣、成功与失败，并于2000年创立上海绿娃科技有限公司，进军门窗行业，经过十多年的快速发展，"绿娃"已成为上海门窗行业知名品牌，也是百安居建材超市全国供应商，如今公司在全国几十个大城市建立分部，造就了几十位"百万富翁"。

"绿娃"的创业发展之路是千万个小企业的缩影，经验和教训可供创业者分享和借鉴。本书立足自己创业的心经，展示了一个真实的创业者及对真实世界的感悟。

创业是一种选择，一种追求。创业在选项上应有亮点，那怕一个亮点！若什么亮点都没有,创业的路会很艰难。

真正的成功创业在于创业者的整体素质,创业者必然是做事先做人,再做老板。老板虽然表面光鲜,其实老板肩上更有社会责任担当。

创业是一种经营人生,涉及很多现实问题,如即将踏入社会的大学生需要职场教育,在踏入社会后尽可能减少心理落差,树立正确的就业观。面对家庭子女,住房问题更是迫切,安居才有乐业。创业的路不可能一帆风顺,将时刻考验着每一个即将创业和正在创业的青年朋友。

本人作为草根创业一族,将自己的创业心经以文字写下来,目的就是希望更多的创业者尽可能少走弯路,当然很多事要靠自己去感悟。愿我的创业心经能对你们有所启示与帮助!

创业之路虽然艰辛,只要敢于面对,发挥自己的聪明才智,人生的画卷将变得多姿多彩。马云有句名言:“梦想还是要有的,万一实现了呢?”为了明天更美好,请踏实地跨出第一步!

本书“城镇化沧桑”栏目得到上海大学经济学院陈秋玲教授的指导,“心灵花园”栏目得到安徽省精神卫生中心倪春和心理咨询师的指导,在此表示感谢!

陆勇

2016年7月18日

目　　录

创业天地 …… 1

成不了马云，做个小老板吧 …… 3
走下神坛的真实马云 …… 15
老板不可以跳槽，因为你是槽 …… 19
32 岁落叶归根 …… 21
上海为什么出不了马云 …… 22
老板常犯的错误 …… 27
蓝天上飘过一朵白云 …… 30
一米宽，一公里深 …… 32
从小事做起 …… 34
证明无处不在 …… 37

心灵花园 …… 39

户口 …… 41
歌星孙悦背后的故事 …… 44
让他三尺又何妨 …… 46
人的一生应该怎样度过 …… 48
不要怕，不后悔 …… 51
专心才能致志 …… 52

红尘滚滚 …………………………………………………… 54
做最好的自己 ………………………………………………… 56
感谢您爸爸妈妈 ……………………………………………… 58
高处不胜寒 …………………………………………………… 60
努力不一定成功，放弃一定失败 …………………………… 62
同学们，爱我们的父母吧 …………………………………… 63
不求永远，只愿曾经拥有 …………………………………… 64

教育园地 ………………………………………………………… 65

高速时代，教育的牛车负重前行 …………………………… 67
创业选项是成功的第一步 …………………………………… 75
大学生创业能力特征认识的误区 …………………………… 78
关于创业、就业问题的座谈会 ……………………………… 79
大学生创业，这事不靠谱 …………………………………… 82
大学生创业途径认识的误区 ………………………………… 84
大学生创业的优势和弊端 …………………………………… 86
创业融资的误区 ……………………………………………… 89

城镇化沧桑 …………………………………………………… 91

冰火二重天的中国楼市 ……………………………………… 93
福利分房的终结 ……………………………………………… 95
流动大军潮 …………………………………………………… 98
投资炒房与“腐败房”现象 ……………………………… 101
“386199 部队” …………………………………………… 103
高高的“城墙” …………………………………………… 106
“丈母娘经济” …………………………………………… 108
房价漩涡中的开发商……………………………………… 111
中国城市化的蚕食现象和磁石效应……………………… 114
房价漩涡中的地方政府…………………………………… 117

职场天地…………………………………………………… 119
招聘的误区及困惑………………………………………… 121
晒一晒小公务员收入……………………………………… 124
大学生就业选择…………………………………………… 126
选择外企就业利弊………………………………………… 131
不要找借口………………………………………………… 133
什么地方能更好地发展…………………………………… 136
社会之窗…………………………………………………… 139
大地的呻吟，蓝天的呼唤………………………………… 141
雾里看花，股市聊聊吧…………………………………… 147
二孩后的忧虑……………………………………………… 154
女大学生嫁“富二代”无可非议 ………………………… 157
城市交通聊聊吧…………………………………………… 159
惊叹上海世博会民企 2000 万元只能买个球 …………… 164
得农民工者得天下………………………………………… 166

创业天地

创业可能只有两种人：

一是不满足现状的人，通俗地讲叫有“野心”，如马云放弃令人羡慕的教师岗位，创办阿里巴巴。

二是没饭吃，如当年苏北农村的小木匠车建新，为了养家糊口来到上海，后来发现卖场商机，创立了红星美凯龙。

以前当老板靠糊涂胆大的时代已过去，现在市场打拼靠的是综合素质。

做老板光看几木《成功学》是不够的，必须结合自身和环境因素，作出正确的判断。别人的经验只能借鉴，就是诸葛亮也不可能再唱一回“空城计”，很多事要靠自己去感悟。

成不了马云，做个小老板吧

微软帝国的比尔·盖茨，阿里巴巴的马云，打工皇帝唐骏，一个个财富传奇神话，远远胜过所谓的“丘比特之箭”，射中了多少“善男善女”的心，人们时刻梦想着《阿里巴巴与四十大盗》山洞里的金子。

成功可以复制吗

创业、投资经媒体“忽悠”，梦想一夜暴富的人们内心开始骚动不安。马云有句名言：“梦想还是要有的，万一实现了呢?”要搞清楚，那是对马云说的，对我们一定是“光有梦想，永远不会实现”。

《我的成功可以复制》

2002 年担任微软中国总裁、2008 年担任新华都集团 CEO 的唐骏，这位身价 10 亿元的打工皇帝曾经让多少白领顶礼膜拜。唐骏《我的成功可以复制》一书，成为指引人们走向成功的一盏明灯。2010 年，唐骏的美国西太平洋大学博士被曝是野鸡大学的假文凭，打工皇帝唐骏从此跌落神坛。

创富的神话可以复制吗?

三国时期的“空城计”传颂千年，然而微软帝国、阿里巴巴、打工皇帝我们不可能复制，就是神机妙算的诸葛亮自己也不可能再唱一回“空城计”。

幻想如美丽多彩的泡泡，终将破灭。若按财富多少来考核成功，比尔·盖茨是世界 60 亿人中的唯一，2014 年马云成为 13 亿中国人的首富，唐骏在中国排名几千位，只是唐骏在中国打工者中排名第一。

中国拥有亿元财富的有 6 万人，千万元的有 100 万人，百万元的有 3000 万人。我们难以成为马云、唐骏这些神仙，不过我们有可能成为一百万、一千万人中的一员，若将这些算作成功，那么成功有可能复制。成不了马云，做个小老板吧！

创业的根本是心态，成大事者更在于心态

中国改革开放30多年，经济得到了快速发展，中国已成为世界第二大经济体。然而，人们的思想还远远不能适应新的环境，社会普遍存在着浮躁情绪，急功近利，部分政府官员追求政绩，搞假大空的形象工程。

多数创业成功者不是有大学MBA学历的精英，而是在马路上开店、摆摊和家庭作坊里，只有初中学历的个体户。

精英们从能力、素质上远远超过这些个体户，若管理亿元资产的企业或进行数亿元资金运作可能游刃有余，为什么创业成功者很少，其主要原因是心态。

说起心态，很多人会不屑一顾，“废话少说，快告诉我们如何赚大钱”，这本身就是心态问题。记住天上不会掉馅饼，也不可能一夜暴富。其实心态没什么高深莫测，就是要保持一种平常心，但是要做到平常心谈何容易？

虽然中国改革开放30多年，但市场经济只有十几年，国民财富的积累很少，一下子能拿出上百万元现款的家庭不多，若投资创业失败，再筹集资金将很难，跌倒了可能再也爬不起来。创业不仅仅需要勇气、智慧，更重要的是心态。

缺乏创业动力

精英们就职于外资、垄断国企等，工作体面、收入不菲。若自己创业，以前的辉煌将不在，拥有的坛坛罐罐将被打碎。

创业初期，本钱投进去，利润不可能立竿见影，自己连吃饭的钱都不知在哪里。若没有将创业作为一种乐趣、一种信念，以前的所有都舍不得放弃，就不可能有创业激情，或者遇到困难激情会很快消退。

创业的动力

宿 舍

20世纪80年代，我分配到上万人的国企当技术员，十年后，我担任员工达千人的分公司领导。表面上看似风光，然而国企内部的勾心斗角让我深感疲惫，一家三代人蜗居在一间集体宿舍里，何时能熬出个头？

1995年我开始下海，创业的动力可能是不甘于现状，梦想有一套带厨卫的房子。其实要迈出这步很艰难，主要是心理上有种失落感。如果当时我有一套带厨卫的房子，或者有现在高管和白领的薪水，我何苦创什么业。

经营管理模式跟不上变化

以前，你担任高管可以呼风唤雨，主要在于原企业的经济、社会资源。当你自己创业，其身份已发生变化，企业的资金、规模相对很小，原有的资源将大打折扣。若选择的行业与原岗位接近，但管理方式、经营方式已发生变化，如果不能及时调整，很难跨过创业初期这道坎。

急有啥用，睡个好觉

我以前所在的公司是中国大型建筑企业，主要承建国家、省市重点工程，技术、资金雄厚，如今自己新开炉灶，只有从零开始。当时自己口袋只有1万元，在大上海只是个小瘪三，说是承包工程，其实是做劳务。在陆家嘴金穗大厦玻璃幕墙施工中，有一次口袋里只有16元，工地上还有几十号人，可谓命悬一钱（线）。与其今天没招，还不如晚上美美睡上一觉。多年后，同事说起："当时我们都替你着急，可你还呼呼睡大觉。"我告诉他："急有啥用？总不能晚上去偷鸡摸狗，养足精神也好第二天去找钱。"

金穗大厦

没有清晰的思路

创业光有热情是不够的，要具备良好的心态、敏锐的市场观察力、综合的管理能力，问问自己能输得起吗？最大限度能输多少？如果没有充分的思想准备，遇到困难就会退缩，最终将导致失败。

大学开办创业专业

一段时间"创业"成为热门话题，报纸、电视大肆宣传，电视上有一期关于大学生创业的栏目，嘉宾中有企业家、评论员和浙江大学的一名教授。大家对大学生创业前景都不看好，因为大学生没有资金和工作经历，很难把握市场并管理好团队。

教授一语惊人："时下大学生就业难，应鼓励大学生创业，以创业带动就业，大学应开办创业专业，一个毕业生创业后若解决10个人就业，何愁就业难？大学生创业不要怕失败，跌倒了再爬起来，最终会成功。”

按这位教授的说法，2016年中国大学毕业生770万人，如果都是创业专业毕业，一年就可以解决中国的就业问题。如果开办巴菲特专业，学生一毕业，全世界的财富就会收入国人囊中。不知大学生创业资金在哪？跌倒了如何再爬起来？教授没有创过业，谈何创业？

行业选择

人们常说“女怕嫁错郎，男怕选错行”，行业选择最重要的一点：你优势在哪里？也就是亮点，哪怕是一个亮点。如果什么亮点都没有，就不用去创业。

行业类型及社会环境

创业首先应了解行业类型及特点，了解所处的社会环境，才能有充分的思想准备。

行业类型总体分为制造业、服务及混合型行业。在中国，大型的制造业、服务业被央企、外企或上市公司瓜分，形成行业垄断。

改革开放30多年，中国经济得到快速发展，中国的民营经济功不可没。占企业总数95%的中小企业，创造了全国60%的税收并解决了全国80%的就业。原中国加入世界贸易组织（WTO）谈判总代表龙永图说：“加入WTO后，中国经济快速发展，唯一遗憾的是民营企业缺少国民待遇，中国国企可以不发展，但不能没有民企。”

中国的民营经济发展只有20年左右的时间，主要集中在利润微薄、产业链下游的加工业以及养家糊口的小饭店、小商店。民营经济备受投资环境、行业准入门槛的制约，生存不易，发展更不易。

如今市场竞争激烈，靠糊涂胆大暴富的时代已经过去，老板应具备超越常人的素质，否则企业不可能做大，也不会走远。

行业的特点

制造业：中国被称为制造业中心和世界工厂，这是一种误导。中国的制造业水平很低，产品集中在劳动密集型的低端产业，如服装、皮鞋、小商品。技术含量及附加值高的产品，其核心技术主要集中在欧美、日本等国家和地区手里，如航空、汽车、芯片等，中国只是做产业链下游的加工业。

制造业根据产业、规模，其投资额相差很大。市场营销是企业的关键，若没有订单，一切无从谈起。管理、技术、人员是完成订单的保障。

作为创业者，在资金、经营管理、技术及人才上没有优势，只有从单项加工开始，待积累一定的资金和管理经验后，再进入附加值高的产业链上游，再考虑创品牌。

混合业：我们将制造、加工与服务为一体的产业称为混合业，如小型门窗加工行业。

铝合金门窗店

马路边有很多门窗店，他们在门店将型材加工成门窗，再到客户家安装。混合业的高级形式为自主开发生产型材、配件，加工产品。受工艺、地域等因素影响，该产业集中度低，生存空间相对较大，混合业是市场中最具活力的行业。

选择熟悉的行业

每个行业都有所不同，选择熟悉的行业是成功的第一步。

常说“商场如战场，知己知彼方能百战不殆”，《亮剑》作为战争题材电视剧，在今天的市场经济中有着借鉴意义。

《亮　　剑》

电视剧《亮剑》一开场的阻击战，八路军新一团团长李云龙问营长张大标：“对面的小鬼子是谁?”张大标回答道：“是日军的坂田联队。”山上的日军联队长坂田问副手：“对面的八路军是哪部分的？指挥官是谁?”副手回答：“不知道。”李云龙面对强大的日军，选择正面突围。为保证在射程内，一团人掩护一门迫击炮前进50米，2发炮弹干掉日军指挥所，坂田当场毙命，新一团正面突围成功。

做企业应了解市场及竞争对手，以及企业内部的生产技术、人员和资金情况。只有搞清对手是谁，自己是谁，才会扬长避短，在竞争中生存和发展。日军联队长坂田到死还搞不清对手是谁，所以失败是必然的。

在自己熟悉的行业里，可以从市场中寻找商机，发现对手的薄弱点，根据实际情况确定对策。人脉关系的建立不是一朝一夕的事，在熟悉的行业里，人脉关系可以得到充分利用。

创业最大的误区是盲目

很多人总想赚大钱，看不上传统行业辛辛苦苦的小钱。如果连小钱都赚不到，谈何赚大钱。

“上视”第一财经频道的当红栏目《谁来和你一起午餐》片断：

三年后到金茂大厦顶层办公

金茂大厦

外滩场景：郑智斌和他的三人团队，肩并肩走在外滩上，指着对面陆家嘴88层的金茂大厦说：“三年后我们将在那幢楼的顶层办公。”三人一起击掌大喊：“耶！”

郑智斌团队创办大汽车网，总投资10万元人民币，主要从事租车业务。为了提高知名度，初期提供免费服务，目前网站无排名，业务基本没有，郑智斌主要工作是找风险投资。

创业光有激情是不够的，更需要脚踏实地，如果公司连生存都困难，风险投资不可能光顾，没必要让你去烧钱。

IT行业成就了比尔·盖茨、马云等一个个财富神话，于是乎网络大潮席卷全国，一台电脑加www. com就是创业。IT是竞争最残酷的行业，被称为“一网打尽”。成千上万个www. com只成就了三大门户网站，有“淘宝”就不可能有“淘2宝”，有“百度”就不可能再有“千度”。

很多传统产业集中度低，生存空间相对较大，如果将养家糊口的加工店、小饭店、小商店算作成功，那么传统行业的成功率超过50%。

很多人总是惦记如何轻松赚大钱，盲目进入不熟悉的行业。老想着市场如何地诱惑，搞不清水有多深，不愿意去想自己可能会输或输多少，这样进入战场必死无疑。

选择前景好的行业

选择前景好的行业是将成功的路走得更远，首先在你熟悉的行业里容易生存，再考虑做强做大。当你选择的产业前景不明朗，可以作为过渡或放弃，再选择相关前景好的行业。

华丽转身

百安居建材超市

多少年来，建筑商被称为包工头，成为欠民工血汗钱的“恶魔”。其实做工程很不易，承揽工程需要将业主搞定，施工过程中要搞定建管、质检、安检、消防等部门，通俗地说“逢大盖帽、戴袖章（黑袖章除外）都得搞定”。建筑商要为业主工程带资、垫资，接工程难，讨工程款更难。

创业五年后，我将工程放弃，2000 年创立上海绿娃科技有限公司，进军门窗行业。如今公司在全国几十个大城市建立分部，是百安居建材超市全国供应商。

产品定位

中国经济的快速增长，市场趋于成熟，人们消费观念比较理性，市场竞争更加激烈。当进入的行业确定后，须在细分市场中寻找商机。产品定位与行业选择一样，最重要的一点：你优势在哪里？也就是亮点，哪怕是一个亮点。

绿娃公司从 40 万元起家，经过十多年的发展，产品由单一的拉珠纱窗发展为四大系列几十个品种，“绿娃”已成为门窗行业知名品牌。“绿娃”的创业发展之路是千千万万小企业的缩影，经验和教训可供创业者分享和借鉴。

早在 1999 年我就开办过网上建材大卖场，由于囊中羞涩，网站只坚持一年。经过 10 年的积累，口袋里有了小钱，于是在 2010 年第二次开办了网上建材大卖场。

互联网没有什么神秘，与传统行业区别不大，只是推广需要烧多少钱，这才是真正的资本运作。我的网上建材大卖场坚持了两年多，结果是“大钱未赚到，小钱也丢了”。

市场分析

说起市场分析，MBA 教程里有很多经典案例，对创业者来说，没多大用，因为对象、环境完全不同，CEO 首要任务是解决吃饭问题。

不锈钢防盗窗

门窗是最传统的行业，聚集着盼盼、美心等巨无霸企业。从细分市场中发现，纱窗、防盗窗特点是分散，主要是马路边的夫妻店。产品需要上门测量—加工—安装，无法形成标准化、批量化生产，大企业不愿涉足，其产品是“一年完”的弹簧纱窗和不锈钢管焊接的防盗窗。

贫富差距的扩大，催生了市场的繁荣，门窗店如雨后春笋。广州、深圳的高楼窗户装满了防盗窗，让不知详情的外国人惊叹道：“中国真的很富，连犯人都住这么好的房子。”

绿娃防盗窗

产品开发

打不过盼盼、美心这些“狮子”“老虎”，就打马路夫妻店这些“山鸡”“松鼠”，我们根据卷帘原理，开发了第一个产品——拉珠纱窗。拉珠纱窗以其独特的拉珠升降方式，使用方便、寿命长，很快被用户接受。

一年后强度高、美观性好的绿娃防盗门窗投放市场，企业由此走上快速发展的轨道。

创新之路

中国习惯一哄而起，谈到高科技和创新，到处都建高新产业园、动漫园，连当年红军打游击的井冈山也不甘落后。其实，我们多从事传统产业，谈不上什么高科技，创新也没什么神秘，只是在某个方面有所不同。

猪羊兽

创新好比猪头上长羊角，一头猪、一只羊放在动物园里没人看，如果猪头上长羊角那就是天下奇闻。

创新是进入该行业的切入点，是抗衡对手、打败对手的有力武器。如果不创新，只是跟在别人后面模仿，不要说去打“狮子”“老虎”，有可能被“山鸡”“松鼠”吃掉。

营销战略

营销是企业的核心，生产管理、技术服务都围绕着营销，若没有订单，一切无从谈起。生产管理、技术服务是营销推广的支撑和保障。

走向市场

马路边的小门窗店，仅辐射小区域，只能养家糊口。如果绿娃只盯着马路店，只能成为“大山鸡”“大松鼠”，所以只有走向市场，走向蓝色的大海，才会有灿烂的明天。

“丑小鸭”登大雅之堂

在人们印象中，纱窗、防盗窗是马路店产品，其实改变传统观念也是一种创新。2002 年绿娃纱窗、防盗门窗进入百安居建材超市，纱窗、防盗门窗终于登上了大雅之堂。

百安居建材超市在全国攻城略地，加快了绿娃企业的发展，提升了企业品牌。纱窗、防盗门窗这只“丑小鸭”，终于成为“白天鹅”。

出奇制胜的插位

品牌专家李光斗提出的“插位”理论：将游戏规则改变，重新排序，或借助大品牌，使后来者巧妙插入。

住　店

以前长途运输主要靠骡马大车，承运人称为马帮，住宿地方称为驿站，房间内是一排排土炕。马帮张三准备住宿时发现炕上横七竖八躺满人，无法安身，而方圆百里只有这个驿站，要想睡只有改变规则。这时，张三说道：“起来，你们睡觉的姿势不对。”大家起身后不解地问：“你看怎么睡？”张三顺势躺下说：“就按我的方式睡。”

上海 KK 公司，是国内第一家将无框阳台窗应用到阳台封装领域的企业。无框阳台窗虽然密封性差，缺乏安全性，但以其良好的通透性，成为市场的新宠。

绿娃圆弧阳台窗

面对诱人的蛋糕，我们当然心动，2005 年，我们开发了防水性和美观性都较好的圆弧无框阳台窗，不久形成了上海市场两强并立的格局。

建立外地分部

百安居建材超市占领上海市场后，即向全国扩张。作为世界上最大建材超市之一的百安居，依托强大的资金和运作优势攻城略地。

百安居的快速扩张，为我们提供了良好的机遇。到目前为止，除香港、西部地区外，全国各城市的百安居基本都有绿娃分部。

傍 巨 人

一天下无敌大力士摆擂台多日，没有人敢攻擂台。有一天，弱不禁风的李四走上台去，大力士被搞得摸不清头脑。这时，李四挽着大力士的肩膀，大声对台下说：“谁敢打我们?”

李光斗“傍巨人”的插位理论很形象，绿娃之所以所向披靡，就是挽起百安居的臂膀说：“谁敢打我们?”

建立专卖店

建材超市在初期为我们的发展和品牌提升起到重要的作用，近年来，面对红星美凯龙、好饰家建材商城的挤压，建材超市逐步弱化。2006 年，我们相继在上海的红星美凯龙等建材商城开了 10 个绿娃专卖店，增强了抵御风险的能力，为新产品进入市场提供舞台。

应对同行竞争

绿娃防盗门窗在市场上火爆销售，触动了很多人的神经。一些同行和曾经的经销商，也开始仿冒绿娃产品。企业要在竞争中取胜，必须不断创新，同时要做好知识产权的保护。

企业转型升级

绿娃公司在行业选择、产品定位、营销战略方面，能够结合自身情况，把握机会，在众多竞争对手中脱颖而出，经过十年的快速发展，已成为上海门窗行业知名品牌。然而市场在变化、环境在变化，企业面临着发展的瓶颈，转型升级压力巨大。

多元化多产品化误区

企业要稳步发展必须转型升级，然而谈何容易，一不留神将走入误区。

2005年，在绿娃圆弧无框阳台窗进入市场后，虽然销售火爆，但其密封性差，缺乏安全性，市场很难持久。

当年我们开始研发折叠阳台窗作为无框阳台窗的换代产品，虽然该产品密封性、安全性优越，然而与人们的消费理念、使用习惯存在着差异，推广几年收效甚微。

几年中，我们相继推出天花板、晾衣架、阳台楼梯护栏等产品，由于产品跨行业，运行平台不同，面对多个竞争对手，深感力不从心。

2010年，我们开办了网上建材大卖场，虽然理念超前，由于没有大资金支撑，缺乏推广手段，建材大卖场坚持了两年多就关门大吉。

由于没有及时准确地把握市场，原优势产品纱窗、防盗门窗市场被逐步蚕食，无框阳台窗正快速淡出市场。因主打产品未升级换代，新产品选项不准确，公司面临着巨大危机。

随着城市的扩大，交通拥堵成为常态，在上海服务的最远距离超过100公里，人工成本大幅上升，打折促销活动频繁，利润率越来越低，公司在上海的终端服务也“压力山大”。

转型升级

2013年，公司将终端服务剥离，由上海地区6个分部承担。总部主要做产品研发、市场推广，并将主业之外及市场销路不畅的产品砍掉。

开发了防盗、防蚊虫及防小孩高空坠落的金刚网纱门窗，完成了纱门窗的升级换代。

将原有的防盗门窗淘汰，开发的新型防盗门窗，其防盗性、美观性更好，使用更加方便。

开发的四轨阳台窗，转角无立柱，视野开阔，引领阳台封装的新潮流。断桥隔热门窗采用一体扇，隔热条型材密封件，将节能门窗品质提升到新的高度。

路漫漫，任重道远

CCTV的广告里曾经有一画面，一群人站在高山之巅，仰望着远方的天空，广告词是“思想有多远，路能走多远”。赚钱靠糊涂胆大的时代已经过去，如今是拼素质。作为创业者，经验和教训是我们的良师，是指导我们绕过险滩的灯塔。

清晰的思路

绿娃道路护栏

要有清晰的思路去把握市场，认识对手是谁，自己是谁，从细分市场寻找商机，也就是亮点，哪怕是一个亮点。

只有创新才会有生命力，但创新很难，需要为失败设置上限，有时放弃是最好的选择。投资开发一个新产品须经过多次修改、试验和市场检验，可能成功也可能失败。必须把握尺度，不能陷得太深。

内部管理

创业初期，企业成员主要是亲友，当企业有一定规模时，用人可能成为瓶颈。首先是老板敢不敢用人，若什么事都自己做，企业不可能做大。现在企业用人成本高、流动性大，须建立有效考核机制，用好人留住人。

内部管理牵涉很多方面，若规范起来需耗费很多精力，并且要常抓不懈。

草根一族的老板，多数是从事传统行业，如今接力棒正在交给“80 后”一代。在“大众创业，万众创新”的时代，年轻的“80 后”“90 后”的创业大军，成为促进技术创新、经营模式创新、传统产业升级的主力军，并改变着中国中小企业的整体素质和格局。

做老板光看几本 MBA 教程是不够的，必须结合自身和环境因素，作出正确的判断。老板的市场洞察力很多时候是凭直觉，因为机会瞬息万变，待分析透了，机会也将失去。

老板的素质不仅仅是管理，有时靠个人魅力，要有包容心，有时要装糊涂。总之，别人的经验只能借鉴，就是诸葛亮也不可能再唱一回“空城计”，很多事要靠自己去感悟。成不了马云，做个小老板吧！

走下神坛的真实马云

淘宝网成就了中国千百万个小商家，诞生了亿万计的“剁手族”。

2014 年 9 月 19 日是中国人的狂欢节，阿里巴巴集团在纽约证券交易所正式挂牌上市，多少人顶礼膜拜的“外星人”马云终于荣登了中国首富。

一段时间我周围的亲戚朋友热闹非凡，纷纷讨教成功秘诀，羡慕马云成为中国首富，都想着去创业，赚大钱。真不知有多少人能搞清楚马云是如何创业的？阿里巴巴的核心是什么？很多人会说：马云创办淘宝网，核心是 2015 年“双十一节”，一天 912 亿元的成交天量。

人们往往只看到马云光鲜的一面，于是乎马云被神话成“外星人”。其实马云只是一个人，不是占卜大师，若能看清第二天的股票走势，马云早就去炒股票了，何苦去创业。马云的过人之处是遇到问题能积极地去想办法解决，并从问题中嗅到潜在的商机。

马云从杭州师范学院毕业后当了一名英语老师，只是不满足现状才去创业。发展到如今的“阿里帝国”是马云始料未及的，也让众多的风投公司悔断肠子，却让软银的孙正义拣了个大便宜。

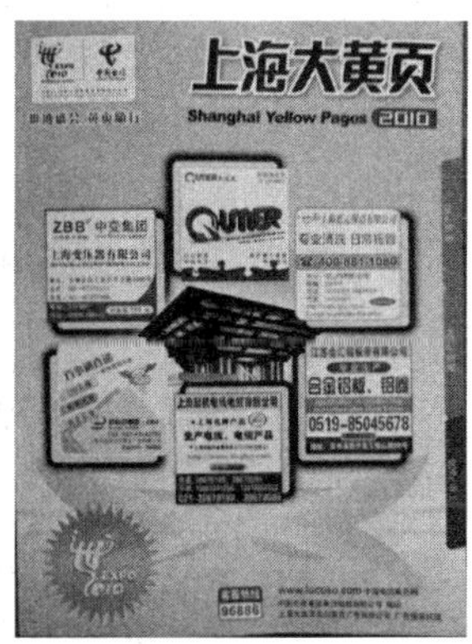

上海大黄页

阿里巴巴的雏形——网上大黄页

阿里创业之初，信息技术不发达，没有百度的搜索引擎，电话号码簿成为寻找商家的主要工具。记得上海的电话号码簿（简称大黄页）由上海电信的大西洋贝尔黄页公司编制，企业要想登录，一条字两千多元，套红三千多元，彩图按面积大小收费，广告费数万至几十万元，独家垄断的电信黄页公司赚得盆满钵满。一段时间，财大气粗的中国联通也搞起了联通大黄页，本想从电信的锅里分一勺羹，最终以失败告终。

以前我们公司每年都登录上海大黄页，后来随着互联网的快速发展，大黄页才逐步淡出市场。

马云利用互联网技术，搞网上大黄页。当时人们对网络缺乏认识，被很多人误解为骗子，马云团队上门去收集信息，经常被拒之门外。

市场环境的不成熟，客户的不理解，成为阿里发展的障碍，弱小的阿里竟敢与电信老大抢单，犹如虎口争食、刀尖舔血……

浙江是中国民营企业的发源地，马云借助互联网技术，再发扬“死缠烂打”的精神，网上大黄页的架构得以完成。

阿里巴巴的火眼金睛——泥巴里掘金子

由于网站没有认知度，企业虽然免费登录网上大黄页，但缺乏热情，当务之急是如何解决吃饭问题。今天的马云被人们奉为神，我猜想当时可能马云饿得眼冒金星真的成为神，他突发奇想：沉睡的企业信息难道不是一座未揭开面纱的金山吗？企业用户有买家也有卖家，何不让他们自行交易，于是乎在“网上大黄页 1688”之外，又开辟了淘宝网，让企业及个人免费上网开店交易，这样阿里巴巴人气旺旺，财源滚滚。

互联网大潮消退，谁是裸泳者

马云开始创业的 1999 年，那是中国第一次互联网的高潮。为了“潮”一把，我创办了网上建材大卖场及建材大黄页。建材行业是仅次于快速消费品的第二大产业，从战略上讲，包揽了阿里巴巴和京东的商业模式。

互联网算不上高科技，只是一种工具。我花了几万元完成了编程、网页制作，服务器采用租用。网站最主要的是运营、推广，否则就是大海里一粒石了——悄无声息。一年后，几十万元打水漂，潮落后发现自己只剩裤衩。大钱未赚到，小钱也丢了，为了生存只有选择门窗行业。

其实，马云与我们就差运营能力这一步，当马云跨过这一步，就登上了成功的山巅，而我们这帮“牛云”“羊云”都摔在一步之下的万丈深渊。

阿里巴巴的镇店之宝——支付宝

有人说阿里抄袭了 ebay 模式，这是扯淡。2006 年，ebay 进入中国，按理说是财大气粗、所向披靡，没想到这个“巨无霸”竟然倒在“小蚂蚁”阿里的脚下。

阿里巴巴

总结 ebay 失败的原因，专家争论不休，其实主要原因是经营模式和不了解中国国情，可悲的是 ebay 至今还不知道自己怎么死的。

ebay 的经营模式好比母鸡下蛋，入网要收费，利润指标要考核，就像母鸡放在中国，老美总部大大等着母鸡下蛋，导致母鸡精神压力太大而崩溃。

阿里采用免费开网店，好比放羊式的经营模式，羊可以免费进到阿里的圈里，时不时还喂些草料，羊当然很感激，待到羊长肥后阿里再杀。

ebay 自以为是，总认为一切都按规范来，而中国的社会诚信方面很微妙，店商害怕供货后买家不付钱，同样买家也害怕店商收钱后不供货或质量问题。阿里从中发现商机，推出支付宝，这样钱装在阿里的口袋里，买卖双方都放心。试想若没有支付宝，买卖双方无法完成交易，阿里只是没有灵魂的空壳，所以支付宝是阿里的核心，镇店之宝。

阿里巴巴的收获期——天猫和“1688”

随着阿里的走红，阿里的收割机来了，“1688”及淘宝再也不是免费的午餐，诚信通商家要收年费，小店商要付交易费。

曾经的马云老师，自认为书生气太浓，于是在 2006 年 11 月请来了素有商界“剑客”之称的卫哲担任阿里巴巴公司总裁。

世界500强最年轻的中国总裁——卫哲

卫哲于2002年担任百安居（中国区）总裁，成为世界500强最年轻的中国总裁，百安居加速在中国各主要城市开设连锁店，并将另一家世界500强欧倍德兼并，成为中国建材零售业的“巨无霸”。

百安居的快速发展给供应商带来了商机，但高昂的进场费、扣率及名目众多的杂费压在供应商身上喘不过气来，卫哲的宝剑寒气袭人。

卫哲入主阿里后宝剑出鞘，先挥向“1688”，在诚信通商家中推出排行榜，商家须交数万元的销宝网及保证金，阿里因此进账数十亿元。卫哲的剑再指向淘宝网，对淘宝商城店家收年费、使用费，阿里每年又进账数十亿元。后来淘宝商城改名天猫，收费翻几倍，曾造成商户到阿里巴巴杭州总部抗议的风波。

2011年2月，卫哲因1107名中国供应商涉嫌欺诈事件宣布辞职。看起来马云表面上带有书生气，其实真正的“剑客”是马云，他借卫哲的剑，挥向商家，最后把卫哲也“收拾”了。

我很佩服马云，作为企业家光有“海绵宝宝”不行，也需要佩剑，而马云是剑落无声。

阿里巴巴——蓝海中的灯塔

阿里巴巴经历十多年的发展，成为互联网的航空母舰，阿里巴巴让中国人的消费更便捷。马云身上透着一种敢于拼搏的精神，当年的垄断行业——电信黄页公司已倒下，阴错阳差地成就了“巨无霸”的阿里巴巴。

今天的中国金融行业聚集着如“狮子”“老虎”“大象”的垄断银行，背后还有“动物园的园长”，阿里金融若想进园与它们争食可谓是凶多吉少。马云也感叹：若有一天阿里倒下，不是技不如人而是倒在红头文件下。

30年来，中国经济的高速发展，民营经济功不可没，阿里是中国民营企业的丰碑，是蓝海中的灯塔。在“大众创业、万众创新”的中华大地，阿里的光芒指引着千万个“牛云”“羊云”号航船驶向广阔的蓝海。

老板不可以跳槽，因为你是槽

深圳华为

深圳华为技术有限公司主要从事通信产品研发、生产与销售，2015年销售额3900亿元，上交税收400亿元，员工超过17万人。华为自主研发的产品，涵盖交换机、移动通信、接入服务器等领域，在光纤网络、移动通信和宽带领域处于国内领先水平。

华为总裁任正非有篇《华为的冬天》的文章说道：泰坦尼克号是在一片欢呼声中出的海，后撞上冰山，沉入大西洋。如果有一天，公司销售额下滑，利润下滑甚至破产，我们怎么办？有时我从梦中惊醒。

深圳华为技术有限公司

人们以为老总开着宝马、奔驰，前呼后拥，身边还有个“小蜜”，那只是在电影、电视里。任正非每天只睡5小时，没有时间去灯红酒绿、山珍海味，在他身上是一种精神，一种社会责任。

有朋友经常问我赚很多钱吧，我说做传统行业赚钱没那么容易。现在很多人都关注财富榜，很少关心他们成功背后的艰辛。有句话说得好：“在关注飞得高的同时，更应关注飞得累不累。”

当你创业并小有建树时，在收获财富的同时，也将承担着社会责任，你将难以全身隐退。员工可以跳槽，你不可以跳，因为你是槽。

32 岁落叶归根

十几年前，黄老板在北京做皮鞋生意，刚开始生意很好，还有不少俄罗斯客户。随着市场竞争加剧，销量大幅下降，加上有笔生意被骗，口袋里仅剩下十几万元。

于是黄老板改行去南京做门窗生意，经过几年的发展，有房有车，算是小成功人士。

有一年，我拜访黄老板，发现他生意越做越小。我不解地问："现在市场很好，你经营为什么不如以前?"他告诉我："浙江均瑶集团老板王均瑶英年早逝，钱再多又有何用？这些年太累了，我今年32岁，准备干到40岁，留足后半辈子钱就行了。"

创业初期，为生存不得不努力赚钱。当由温饱进入小康时，很多人激情少了，人懒了，感觉很迷茫。如果32岁就考虑落叶归根，不可能把企业做大做强。

其实你的企业资金还不够雄厚，管理水平不高，抗风浪能力还很弱，只有振奋精神，与时俱进，才能够在竞争中生存和发展。

上海为什么出不了马云

2014年阿里巴巴集团在纽约证券交易所正式挂牌上市，2015年“双十一节”，淘宝、天猫一天912亿元的成交天量，马云又成为风云人物。然而，有关“上海出不了马云”的话题再次成为社会焦点。

2008年的政协会上，时任上海市委书记俞正声谈到他曾会见马云，马云跟他说，当初阿里差点落户上海，后来回了杭州。俞正声要大家反思：“为什么马云这样的人，在我们这里没有成长？可能多少我们有点问题。”

很少反思，理由找来一箩筐

理由一：上海的中小企业远不如崇尚“小狗经济模式”的浙江一带。马云当年也在北京工作过一段时间，北京同样不适合阿里的创业。15年前，上海、北京还是国企的氛围。

评：上海的国企氛围对民营企业发展有一定的影响，但国企习惯于垄断经营，对竞争领域的互联网不感兴趣，这不是“出不了马云”的理由。

理由二：基于地域的情结，杭州是马云的家，如果当年马云执意留在上海，当年所谓“十八罗汉”还会跟他来吗？

评：如果马云是个地域情结重的人，阿里不可能走向全国、走向世界。上海人才济济，如果马云来上海创业，别说十八罗汉，就是八十罗汉也轻松找到。

理由三：阿里诞生的杭州是人力、产业、政策、区位优势等多重资源的最佳结合。“为什么上海出不了马云”这句话扭曲、夸大了上海创业的负面因素，掩盖了15年前马云的主动判断、选择。有时候，扭曲一句言论的危害，比直接的言论危害更可怕，它充满蛊惑，制造着迷障。

评：上海的多重资源远胜于杭州，所说什么最佳结合不是“出不了马云”的理由。俞正声本意是要求大家反思上海中小企业创业的环境，如何促进互联网经济发展。然而，该理由将“为什么上海出不了马云”上升到破坏社会稳定的高度，真是更可怕。

马云杀手的“小卡片”

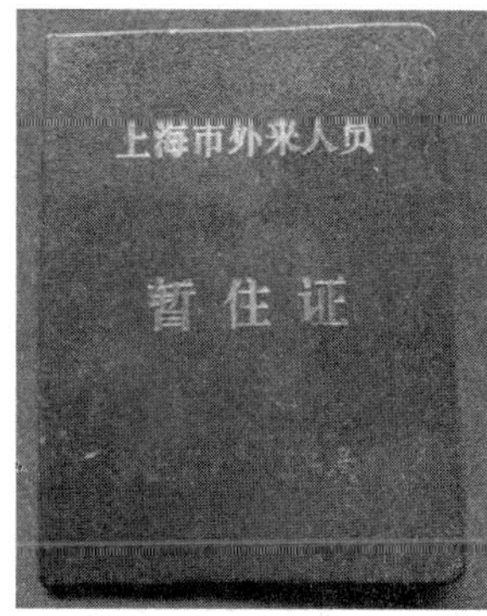

上海市外来人员暂住证

上海留不住马云的道理很简单，马云是被一张“小卡片”消灭掉的。“小卡片”原名叫上海外来人员暂住证，现在改名为临时居住证。上海引进人才条件要求较高，马云毕业的杭州师范学院只是二本，比尔·盖茨连本科文凭都没有，只能办理临时居住证，若比尔·盖茨敢来上海，“小卡片”也同样将他消灭掉。

马云的孩子简称小马云，生于1992年。没有上海户籍的小马云若在上海上学其路线图如下：

1995年，小马云无法上公立幼儿园，只能上民办幼儿园。

1998年，按规定小马云只能上民工学校读小学，若想上公立小学，需要找关系，每年须交两千元左右的赞助费，并5年一次性付完。

2003年，按规定小马云只能上民工学校读初中，2007年上海教育部门开始将民工学校逐步取缔或兼并，小马云可能初中未上完，学校就被取缔。相信马云能够找到关系，一次性付完4年的赞助费1万元至2万元，让小马云读上海的公立初中。

2007年，小马云就是交钱也上不了上海的高中。由于上海教材与浙江教材不同，再者小马云在杭州若没有学籍就无法中考，于是小马云在初三就要回户籍所在地杭州上学。考虑到小马云只有14岁，马太太只好回杭州陪读。

2006年至2010年，小马云在杭州读初三、高中，马云可能每星期要回杭州团聚，若小马云、马太太生病或有急事，马云将火急火燎地往家赶……

试想想，被称为“外星人”的马云，纵有三头六臂，也会倒在小马云的上学路上，所谓“十八罗汉”也早已土崩瓦解，哪来今天的阿里巴巴。

同样，比尔·盖茨若来上海创业，小盖茨不会中文，民工学校也不会收他，上海当然不会有微软帝国。

大家可能领教了居住证的杀伤力，而居住证的刀锋就是教育。

《中华人民共和国义务教育法》

凡具有中华人民共和国国籍的适龄儿童、少年，不分性别、民族、种族、家庭财产状况、宗教信仰等，依法享有平等接受义务教育的权利，并履行接受义务教育的义务。从2008年秋季学期开始，在全国范围内全部免除义务教育阶段学生学杂费。

上海由一百多年前的小渔村成为今天的国际大都市，得益于包容性的“海纳百川”。如果小马云及众多非上海户籍的小孩，都无法平等地接受义务教育，国际大都市只是没有灵魂的空壳，不可能有中小企业创业和发展的良好环境。

有人说：非上海户籍的小孩在上海就读，占用了上海的教育资源。

上海市义务教育年人均经费为700元，如果能在阳光下操作，就不用交天价的赞助费，可以降低创业的成本，去除创业者后顾之忧。

上海的中小民营企业每年上交的“教育费附加”数亿元，请问非沪籍小孩能占用上海多少教育资源？

“新上海人”美称何时再来

浦东开发的20世纪90年代，成为上海包容性的黄金时期，非沪籍人员在沪创业被称为“新上海人”。在上海购房给蓝印户口，在上海郊县投资50万元，3年后给一个蓝印户口指标，创业者再不用为小孩不能在沪上学操心，有了一个温暖的家。

2002年，“新上海人”的好梦终结了，购房给蓝印户口被取消，蓝印户口的投资额提升到千万元。

有人认为：上海人整体素质高，创业起点高，用不着外地人来上海创业。我分析能够创业只有两种人：

一是不满足现状的人，通俗讲叫有“野心”，如马云放弃令人羡慕的教师岗位，创办阿里巴巴。

二是没饭吃，如红星美凯龙老总车建新。当年苏北农村的小木匠车建新，为了养家糊口来上海做木匠活，后来发现卖场商机，创立了红星美凯龙。

上海有良好的工作环境、社会保障，不必为小孩上学发愁，所以很多上海人很难有创业激情。

创业者倾其所有，离开养育自己的故土，来到大上海，说白了是在赌命，是

“城里的月光把梦照亮”。

上海，创业者的第二故乡，人们期盼“新上海人”的黄金时代再次来临。

上海落户新政，天上的月亮

2015年上海新出台的落户政策：五类人满足条件可直接落户上海。新政策出台后，媒体将此作为上海创业、创新的重大利好消息。仔细分析发现是天上的月亮遥不可及。以下对可直接落户上海的五类人条件进行分析：

第一类：创业人才。获科技企业孵化器或创业投资机构首轮创业投资额大于1000万元（含1000万元）或累计获得创业投资额大于2000万元（含2000万元），且在上海本市企业中持股比例不低于10%并连续工作满2年。

评：首轮创业投资额大于1000万元，只有王健林等大老板做得到，他可以给王思聪1个亿玩玩，只是王思聪没必要再读上海小学。

第二类：创新创业中介服务人才。在本市技术转移服务机构中连续从事技术转移和科技成果转化服务满2年，且最近3年累计实现技术交易额大于5000万元（含5000万元）的技术合同第一完成人。

评：刚开始创业，技术交易额达到10万元都很难，5000万元技术交易额只有马云、马化腾、比尔·盖茨等大佬可以实现。

第三类：风险投资管理运营人才。本市创业投资机构的合伙人或副总裁及以上的高级管理人才且已完成在上海投资累计达3000万元。

评：创投公司资金有数亿、数十亿元，创投公司合伙人、副总裁以上高管美国绿卡都能轻松拿到，有必要为小孩上学落户上海？

第四类：企业高级管理和科技技能人才。最近4年累计36个月在本市缴纳职工社保的基数等于本市上年度职工社会平均工资3倍，且缴纳个人所得税累计达到100万元。

评：按个人所得税4年累计100万元推算，年薪将超过100万元，很多高管的年薪20年后也不一定达到，小孩何时才能读上海公立小学？

第五类：企业家。须同时符合下列条件：

（1）运营本市企业的法定代表人（担任董事长或总经理）或持股大于10%（含10%）的创始人。

（2）企业连续3年每年营业收入利润率大于10%，且上年度应纳税额大于1000万元（含1000万元）；或科技企业连续3年每年主营业务收入增长大于

10%，且上年度应纳税额大于1000万元（含1000万元）；或企业在上海证券交易所、深圳证券交易所等资本市场挂牌上市。

（3）企业的生产工艺、装备和产品不属于国家和本市规定的限制类、淘汰类目录。

（4）企业无重大违法违规行为和处罚记录，无不良诚信记录。

评：年度纳税额大于1000万元的企业，其销售额可能超过2亿元。现在市场竞争激烈，很多企业处于微利甚至亏损状态，若企业连续3年每年营业收入利润率大于10%，除国有垄断企业能够做到外，其他能做到的企业屈指可数。

企业已经在上海证券交易所、深圳证券交易所等资本市场挂牌上市，老板身价已达数十亿元、数百亿元，落户上海有何意义？

现在非沪籍人员可以在上海缴养老、医疗、失业等社会保险，上海户籍主要作用是小孩能在上海上学。当年马云若纠结养老、医疗、失业等社会保险，害怕承担风险，还创什么业？

“大众创业，万众创新”任重道远

李克强总理在2015年政府工作报告提出“大众创业，万众创新，既可以扩大就业、增加居民收入，又有利于促进社会纵向流动和公平正义”。

推动“大众创业，万众创新”，最根本的是要拆除教育壁垒，铲除收礼、赞助费这些教育腐败，实实在在地改善投资环境。

如果投资创业者的孩子连义务教育的权利都得不到保证，还有公平正义吗？上海不仅出不了马云，就是马云来上海，若公司管理层的小孩上学问题不解决，阿里公司一样会倒下。

上海作为中国经济中心、国际大都市，有高素质的人才队伍，只要能拆除教育壁垒，创造良好的投资环境，相信上海能出千千万万个“马云”“牛云”“羊云”，愿上海的明天更美好。

老板常犯的错误

在小企业里，老板既是投资人又是经理人，企业的成败系于一身。由于创立时间和经营情况不同，分为起步阶段或发展阶段。如果思想不解放，素质不提高，处在起步阶段：可能整天还在为生计发愁；处在发展阶段：无法再提升，甚至回到原点。以下我们对常犯的错误进行剖析。

当老板赚大钱

当老板干一番事业，想法固然可嘉。但我们必须从环境、资金、能力等方面认清自己。我们是否在准备？我们准备好了吗？对此，一些人很不耐烦，认为当老板可以立刻赚大钱。当问起有何计划时，回答是：到时候再说。问起是否考虑风险时，回答是：我一年少说能赚 20 万元，总比打工强。

在投资前应慎重选择项目，做好市场分析。一旦投资失败，准备输多少，若跌倒了能否再爬得起来，这些都要充分考虑。

创业难，守业更难。光有一腔热血是不够的，如果将以下常犯的错误对照自己，就会作出正确的判断。

不能面对挫折

每个人都有挫折、失败的经历。遭遇时，要第一个从阴影中摆脱出来。如果迟迟不能自拔，只会一直趴在地上。

普遍的问题是，遇到挫折，或许只能称为小事，不是去查原因，寻找解决办法，只是消极地回避。老板心理素质如此脆弱，如何去面对市场竞争？如何去管理好企业？如何去教育员工？

抱怨自己忙碌

创业初期，老板很多事须亲力亲为。随着企业的发展，老板应该抓管理，明确每个员工的岗位职责，让每个人都负起责任。

我们很多老板整天电话不断，忙忙碌碌，很难有时间去思考。老板的主要精力应放在公司的管理、经营和发展计划上。

老板抱怨自己忙碌，难道比克林顿还忙吗？人家曾经是美国总统、“世界霸主”，人家还有时间“搞女朋友”呢！

不能专注自己，抱怨太多

不少人抱怨市场竞争激烈，还经常操总理的心，谈什么中国经济面临下行压力。其实市场的机会很多，要搞清楚自己的产品占市场的份额是多少，可开拓的空间有多大。抱怨的实质，就是一个字“懒”，人懒，思想懒。想一想，我们在产品开发、市场营销上投入多少，是否等着天上掉馅饼？

缺乏计划，拍脑袋行事

很多老板习惯于放羊式的管理，工作缺乏计划性，拍脑袋行事。等到问题出现，再对天兴叹，或者已经出现问题还不知道。

订单少时，为没事做发愁；订单多了，为忙不过来而发愁。

资金使用没有计划，材料库存不知道，一边是材料积压，一边是品种不配套，无法为客户及时供货。

不敢大胆用人

起步阶段，很多事需要老板亲自动手，所用人员可能是自家人或亲属。随着业务的扩大，用人成为制约发展的瓶颈。

不敢用人：用人仅局限在亲属、朋友圈子。由于选择范围小，远离家乡，人们期望值高，为用人伤透脑筋。

不会用人：没有按企业化管理去建立绩效考核机制，员工的积极性没有调动起来。

不少老板接了订单又害怕没人干，有时成为孤家寡人。要想用好人、留住人，一定要建立合理的用人机制。

心中无数，一笔糊涂账

营销方面害怕投入，只看眼前的成本，未考虑以后将带来的收益。不愿做成本分析，对管理成本、材料成本、用工成本心中无数，等到年底才发现没赚到钱。

老板的定位，应该是抓营销、抓管理。如果老板精力都放在具体工作上，是人力资源最大的浪费。

害怕竞争，不敢面对市场

多数小企业都从事传统行业，市场竞争激烈。若自己产品没有特色，找不准市场定位，生存将很艰难，甚至会趴下。

面对市场竞争，只有主动迎接挑战，练好企业内功，寻找商机，才能在竞争中取胜。

通俗地说，他们打你，你去打他们，打不过只有趴在地上。你若不成为虎狼，就有可能被虎狼吃掉。

不能居安思危，小富即安

常说商场如战场，你的对手可能就在对面，就在你没有看到的地方，他们手中的大棒，时刻对准你的后脑勺。

逆水行舟，不进则退。你今年赚 50 万元，明年可能是 10 万元，后年可能会关门。小企业在资金、人员、管理上无优势可言，你的船还无法抗击风浪。只有努力，脚踏实地去做，完善管理，不断在市场上寻找商机，才会做大做强。

蓝天上飘过一朵白云

多年前，虹桥机场的建筑及设施虽然有些陈旧，但依然气度不凡，旅客川流不息，这里是中国和全球最繁忙的机场之一。

乘飞机要经过安全检查、换登机牌、候机等多道程序。

当我们来到候机大厅像是走进宇宙空间，人们就像银河里的星星那样渺小。联想起教堂的穹顶和高耸入云的十字架，据说在教堂里人可以与上帝对话。候机大厅不知要胜过教堂多少倍，可能是人要与上帝的老板对话。

服务台在大厅前门处，当问起换登机牌时，目无表情的小姐玉指一挥，虽然一头雾水，我真正体会到什么是仙人指路。绕过九十九道湾，来到换牌处。服务先生机械地操作着，未听到一句问候声。

登上国航飞机，只见航空女士、先生像一尊尊雕塑耸立着。以前知道有美丽的空姐，如今不知冒出许多空先生、空嫂和空大婶。

以前美丽的空姐，用实物介绍安全知识，什么安全带、氧气罩使用、救生衣穿戴，非常亲切。我正等待美好时刻的到来，这时行李架下弹出小屏幕，屏幕上电子小姐动漫式傻傻的介绍取代了美丽的空姐。

我国神舟载人飞船可以遨游太空，但搞不清为啥解决不了在飞机上打手机的问题，说是影响飞行安全。飞机临飞前，一位老先生迷迷糊糊地还打着手机，空哥上去制止未果，叫来一位自称是安全员的胖哥（未见任何标记）。只听到两位空哥的“不要无理取闹”“把身份证拿出来”的训斥，很少听到礼貌语，老先生知趣地关上手机。

30 分钟后，空姐、空哥推着小车送点心，走道相邻是一位老外，当然是老外优先。空姐不知何故将咖啡洒在老外裤子上，空姐忙不停地用餐巾纸为老外擦裤子，忙腾好一阵后，空姐为我端上一杯咖啡，我睁大眼睛看着，害怕杯子里有擦裤子的餐巾纸。

飞机在蓝天上飞着，脚下是茫茫云海。飞机晚点到达广州白云机场，难忘的空中旅行结束了。

蓝天白衣随想

飞机相对于其他交通工具，具有快捷优势，但价格较贵。花大价钱乘机，理应享受应该得到的服务。

春节是阖家团圆的时候，亿万民众大旅行，“铁老大”笑得合不拢嘴。旅客买票难、乘车难，车厢里人满为患，厕所里还蹲着几个人，上厕所只有“轮蹲”。“铁老大”心也是“铁”的，没有去改善服务，而是举起涨价的大斧向手无寸铁的人们砍去。近年来，高速铁路的快速发展，人们旅行变得更快捷。

在中国，航空、铁路还处于垄断经营，由于缺乏竞争，他们心里很少想着旅客，很少意识到旅客是他们的衣食父母。随着改革的深入，该领域可能逐步对外开放，但愿垄断经营的时代不会太久吧。

好的产品需要很多人共同努力才得以完成，其中心是围绕着服务。在激烈的市场竞争中，只有做得更好，企业才能够生存和发展。

让天更蓝，明天更灿烂。

一米宽，一公里深

一段时间，“多元化战略”“转型升级”甚嚣尘上，房地产红火时期，做皮鞋的、卖服装的、开饭店的都搞起了房地产。时尚的“文化产业”，写书的、养猪的、火锅店都拍上了电影。

一位老师说：中小企业老板大多数是做传统行业的，要想快速发展，必须改变商业模式、经营模式，把握新经济的脉搏，实行“多元化战略”和资本运作。

另一位老师说：当企业在行业内具有一定规模，面临最大的敌人是诱惑，要搞清企业是否具备“多元化战略”的能力，就是“多元产品”都需要慎重，你在该行业内是否做大做强，要“一米宽，一公里深”。

当时我头脑里只想着赚大钱，想着如何改变商业模式，如何进行“多元化战略”。早在1999年我就开办过网上建材大卖场，由于囊中羞涩，网站只坚持了一年。经过10年的积累，口袋里有了小钱，于是在2010年第二次开办了网上建材大卖场。

我自认为是学建筑专业，又有丰富的实践经验，网上建材大卖场将会成功。建材家具是仅次于日用消费品的第二大市场，网上大卖场可以让建材家具充分展示，免去厂家昂贵的店租，方便顾客选购。理念虽然很超前，技术也没问题，关键在于如何推广。

互联网没有什么神秘，与传统行业区别不大，只是推广需要烧多少钱，这才是真正的资本运作。网上建材大卖场坚持了两年多，结果是“大钱未赚到，小钱也丢了”。

到此时我才搞清了老师说的“一米宽，一公里深”的道理。于是关闭了建材网站，一心一意去做门窗。

上海KK，门窗明星的坠落

上海KK公司，是国内第一家将无框阳台窗应用到阳台封装领域的企业。无框阳台窗虽然密性差，缺乏安全性，但良好的通透性让其成为市场的新宠。10年前是KK公司的鼎盛期，电视广告铺天盖地，订单应接不暇。KK公司在工业园区买地建厂房。每年百安居宴请供应商，KK老总与百安居（中国）总裁卫哲坐在一张桌子。几年过去，KK公司因资金链断裂，员工上法院追讨工资，曾经的门窗明星坠落了。

KK公司的创新理念、营销能力值得称谓，当钱赚多了，老总的头脑也跟着发热了，老总热衷于“多元化战略”。KK公司在浙江买了一座小山，盖了很多木房子投身旅游业。公司交由职业经理人打理，老总忙于找贷款，搞资本运作。由于旅游项目投资失败，面对市场激烈竞争，KK产品销量急剧下滑，而新产品开发也未跟上，导致银行贷款还不上，企业处于破产的边缘。

“多元化战略”无可非议，但很难驾驭，就是多产品战略也不一定成功。

荣昌肛泰

荣昌制药股份有限公司创建于1993年3月，经过20多年的发展，成为集研发、生产、销售为一体，横跨现代中药、生物制药、生物药物研发及生产的现代化制药企业。

公司发明的“贴肚脐治痔疮”新疗法，并开发出“荣昌肛泰”等系列治痔产品，在治痔领域独树一帜。

荣昌的广告比产品更有创意，最喜欢在吃饭的时候播放，荣昌还生产治疗口腔溃疡的口服液。虽然荣昌产品上下都可以治，但人们总害怕将下面的药被错用到嘴上。

“多元化战略”在阿里巴巴运用很成功，余额宝吓坏了四大银行，广州恒大淘宝足球俱乐部玩出了足球亚冠冠军，问题是我们有没有马云的本事，否则“多元化战略”将自己的饭碗有可能“化”没了。

从小事做起

余世维博士，1948 年生于上海，美国哈佛大学企业管理博士、英国牛津大学国际经济博士后，世界多所著名大学客座教授。曾担任日本航空公司台湾地区副总经理、雅诗兰黛化妆品公司驻美副总经理。余世维博士是目前中国最受欢迎的实战型管理培训专家，被尊为华人管理教育第一人。

余博士曾是跨国公司高管，我们一定认为余博士善于高谈阔论宏观战略。实际上余博士所举的案例，都是我们身边不易注意的事，忽视这些，就可能造成我们决策失误、管理混乱。

为事情的结果负责

孩子哭了

小孩撞到桌子，哭起来，中国的妈妈第一个动作是打桌子。小孩摔到地上，中国的妈妈可能是打地。当然这是在哄小孩，可是无形之中告诉孩子：责任在别人。

同样的事，日本的妈妈则把孩子带到旁边，“来，再走一次。一个人跑步撞上桌子有三个原因，一是跑得太快，刹车不及；二是他的眼睛一直看地没有注意前方；三是心里不知在想什么。你是哪一种？”

一个美国小孩过马路时摔跤，美国妈妈说：“汤米站起来。”小孩要赖，全世界的小孩都差不多。美国妈妈说：“站起来，你是男子汉，连自己都保护不了，长大还能保护妈妈吗？”

美国小孩只有 3 岁，那个日本小孩也是 3 岁。

背包的一家人

在上海火车站，看到一家三口到中国旅游的外国人，爸爸背个大包，妈妈背个中包，小孩背个小包。也许爸爸的大包里是帐篷、蚊帐、毯子，妈妈的包里是家庭用品和生活用具，小孩那个包里摆的可能是他的玩具和点心。而中国的小宝没有一个背包的，都是爸爸背妈妈提。

小孩撞桌子、摔跤，中国的妈妈打桌子将责任转移，打地将矛盾化解。中国小孩从小没有负起责任，长大后到了组织、公司、社会，统统负不起责任，认为世界上所有人都对不起他。

“努力地表现”与“不停地辩解”

总经理与董事长的对话

一种是努力地表现。

董事长：余总经理，你注意一下，我们的钢铁销量最近正在下滑。

总经理：对不起董事长，这是我的错，我马上召集有关人员调整销售策略。

董事长：西班牙瓦布贝尔家具最近不好买，怎么回事？

总经理：这是我失察，我会尽快找出解决方案。

董事长：还有，余总经理你注意一下，听说那个王副厂长最近闹情绪，不大想干。

总经理：……

一种是不停地辩解。

董事长：余总经理，你注意一下，我们的钢铁销量最近正在下滑。

总经理：董事长，这是因为韩国釜山钢铁最近一直在美国不停地杀价，我也没有办法。

董事长：西班牙瓦布贝尔家具最近不好买，怎么回事？

总经理：我以前提醒过您，不要进口西班牙大理石家具。

董事长：还有，余总经理你注意一下，听说那个王副厂长最近闹情绪，不大想干。

总经理：我听说那个家伙在外面“包二奶”……

我在董事长面前从不推辞责任或归罪下属，只有努力地表现。如果我在不停地辩解，董事长会说：余总经理，你是干什么的？我付这些薪水给你干什么？

专注自己，少些抱怨

我们经常听到这样一些抱怨，“北京好做，天津难做，我宁愿在大连，我不喜欢在长春；财务部门多好，它的员工总是最好的，人力资源部不行；我最不喜欢销售部，我喜欢计划部……”一个人如果不是积极努力，而老是抱怨，必将一事无成。

以色列国家有大片沙漠，地理环境与我国的宁夏相似，虽然自然条件恶劣，但以色列犹太民族是坚韧、智慧又不畏灾难的民族。在以色列的周围，东北及北边是约旦和黎巴嫩，东边是伊拉克，东南是沙特，南边是埃及，西边是地中海，几乎被伊斯兰国家包围。用以色列人的话来说：我们周围都是敌人，他们是狮子、老虎、豹子；我们是一条响尾蛇，哪一个想要吃我，我就啃它的腿，大家都不要活。以色列人天生就有危机感，这个多灾多难的民族，能够生存至今天，其坚韧的民族毅力是其重要的因素。

6000 美元的学费

一家汽车公司的采购员在采购一批卡车时犯了一个错误：客户订的 25 辆卡车，要求车的三角窗可以活动，但是他订购的都是固定的。卡车还没有运抵当地的时候，他发现了这个问题。经理知道后也是心急如焚，急忙赶到了客户那儿，花了 6000 美金才终于解决问题。

经理回来后，采购员递交了辞职书。经理问他：“出这件事我骂过你吗?”“没有。”“我在老板面前提到你的名字吗?”“没有。”“到客户那儿是你去的吗?”“不是。”“我刚刚替你交了六千块的学费，是你付的吗?”“不是。”“我刚刚替你交完学费，你要出去了，要去害另外一个老板，你给我留下。”推销员流下了眼泪，经理说：“把眼泪擦掉，有本事就把我那六千块赚回来再辞职，我马上就批，像个男人这事就算了。”

几年之后，推销员成了公司的副总经理，他一个月售出 200 辆车，还有一个外号叫“车界杀手”。

每个人做事都可能犯错误，关键是如何面对。如果能认识错误、改正错误并吸取教训，你就会不断提升解决问题的能力，成为社会有用之人。如果出现错误只是将责任推卸，或者像缩头乌龟选择逃避，你工作能力永远不会提高，若干年后你可能还是个小职员。

证明无处不在

2015年5月6日的国务院常务会议，讨论确定进一步简政放权、取消非行政许可审批类别时，李克强总理讲到怎么“证明我妈是我妈”这则故事，痛斥某些政府办事机构，给老百姓办事多设障碍。

小时候，我随父亲去省城，在那个计划经济的年代，住旅馆要拿县里的介绍信到省外来人员住宿登记处，由登记处安排旅馆。因当天旅馆客满，我们被安排去澡堂住宿。澡堂一般营业到晚上9点，下班后我们可以在躺椅上住宿。

40多年过去了，现在人们很难理解又破又脏的澡堂还能住人，请不要忘记若没有住宿证明，你只能在车站的地上待上一宿。

大家觉得过去住澡堂要证明真是无稽之谈，然而今天的证明“与时俱进”，中国大地证明无处不在。

有个13岁小孩户籍由内地迁入上海，证明材料已提交十几份，上海公安部门审核后，要求提供当地派出所开具的小孩无犯罪证明。虽然经办人也觉得此证明很可笑，但必须按上级规定要求走流程，于是家长又赶回千里之外的原籍，开这份既无聊又很无奈的证明。

在中国，人要证明，企业也要证明。一公司由上海一个区迁至距离只有12公里的另一个区，虽然经营范围没变，只是营业地址的变更，但是需要提供的证明资料超过百份，工商、环保、税务等部门都需要分别提供整套证明资料。

有句话叫“有事找警察”，中国的警察叔叔太辛苦了，家庭矛盾找警察，邻里纠纷找警察，车子撞树找警察，没想到企业门牌也要找警察。办理工商营业执照时，需派出所提供公司门牌号码证明；当工商营业执照拿到后，虽然上面已标明营业地址，税务部门还是要求派出所再提供一份门牌号码证明。重复折腾搞得警察也很窝火，可怜的企业只能赔笑脸，他们谁也得罪不起。

办完有关审批证件，企业是否轻松了？没那么简单，企业还要到电力公司办理用电手续。下面是该公司牛总申办用电旅行记：

牛总将营业执照、企业代码证等材料交电力公司营业部的胡主任审核。

胡主任：（查验身份证后）单位介绍信呢？

牛总很困惑，自己是企业法人，如今已进入市场经济时代，还需要单位介绍信？

胡主任：虽然你身份证名字与企业法人相同，中国人名字重名很多，怎么能证明你是企业法人？

于是牛总写好介绍信证明我是我，盖好公司大印后交胡主任。

胡主任：为防止你公司欠电费，须提供注册的工业园区承诺书。

牛总认为按国家《合同法》，双方公司签订的合同是平等的，受法律保护，与园区没有关系。

胡主任：如果你们公司破产了，欠费怎么办？

其实“电老虎”对付企业真是小菜一碟，敢欠费就拉你电闸，收你天价滞纳金，不过大新年胡主任不该诅咒人。后来牛总找园区协调，并写了不欠费的证明，盖好公司大印，至此企业用电手续完成。

政府部门的工作作风相比以前已有很大改变，各地都有办事大厅，但重复、繁杂的各种证明何时才是个头！

电力公司作为掌握垄断资源的国有企业，应该成为中国经济发展的助推器，为企业提供高效便捷的服务，不要再搞折腾人的、无聊的证明。

广州政协委员曹志伟历时半年调查出的结果显示，在我国人的一生最多可能要办 400 个证件，其中常用的证件、证明 103 个。曹委员由此感叹，“中国人的一生，不是在办证，就是在办证的路上，可谓‘人在证途’！”

新的时代，国家倡导高效务实精神，那种自欺欺人的“证明”也将逐渐丧失存在的必要。希望在不久的将来，国家机关、政府部门、企事业单位都能风清气正，高效廉洁，人们生活在恬静宜人的环境中。

心灵花园

多少年来，社会上对老板存在着很多偏见，什么“无奸不商”！如果从另一角度看，说明经商需要有灵活的头脑。

老板最关键是有良好的修养，面对困难险阻，能够保持良好的心态。否则，企业做不大、做不久，可能会从原点回到原点。一句话——“做事先做人，再做老板”。

人生本无价值，只是一张白纸，只有我们不断努力，才会赋予人生的价值和意义。

我们是社会发展的参与者，也是受益者，同时须承担起相应的责任。我们生活在社会中，离不开同事、家人，不可能每天都能按自己的意愿行事，这需要有宽广胸怀，对人对事要多包容。

户　口

说起中国最大的工程，人们一定会想起历时十多年、数万人奋战的三峡大坝。其实当之无愧应该是地球上五分之一人口参与，历经50年还在继续的中国户口工程。

20世纪60年代，我出生在省城东边的一个县城。县城很小，但在两千多平方公里土地上的人们心目中，却是非常的崇高。父亲在一所中学任教，母亲是一名小学老师。我家小院里充满着童话，院中的小树与我比高。

在那“火红”的年代，父亲有幸坐上“右派”的末班车。当时“反右运动”风起云涌，随着运动的深入，右派指标最后采取摊派。这样，父亲从三尺讲台上被揪了下来，遣送到白云山石场劳动改造。白云山出产白云石，白云石加工后运到上海，价格超过大米。我想，那洁白的石子里有着父亲粗糙大手的汗水。

一天，久别的父亲似乎变得年轻，消瘦的面孔有了红润。他告诉我们一个好消息：右派帽子摘了，调到离县城80里的一所中学任教。我心里酸酸的，将离开令人向往的县城。小树，我什么时候再与你比高？

中学所在的小镇，位于千里长江和八百里淮河的分水岭。据说，当年曹操路过此地，盛赞曹家“天下文章一担，子建才高八斗”，当地因此得名八斗岭。曹操留下的才气没有给黄土地带来财运，依然是十年九旱。小镇的人们对我们很羡慕，拥有非农业户口的我们算是鹤立鸡群。我家的院子很大，我们种了好多小树和南瓜、葫芦。

史无前例的“文化大革命”开始光顾我们小镇，父亲这个摘了帽子的右派，当然要被打倒在地。大字报贴满我的家，贴进了我的蚊帐，我成为小黑帮，非农户口的光环变得暗淡。父亲被留下批斗，我们被扫地出门，母亲带着我们来到没有瓦屋的瓦屋庄小学。小学原是一所破庙，一个教室、三个年级。当我们来到校门口，村庄的人们早已迎候，稀罕劲儿不亚于观看大熊猫。这里没有“炮轰”“砸烂”的火药味，只有乡亲们憨厚的面孔。

妈妈的粉笔在黑板上沙沙地响，我也开始了学生生涯。这一年天大旱，水塘干涸，人们在塘中间挖水坑，当地人称作“土井”，水渗进坑内，成为人们的饮用水。每天水坑里的第一桶水是最清的，乡亲们首先抬给我家。一天，乡亲们挖“土井”挖出一只小鳖，欣喜若狂地送到我家，在物资紧缺的年代，这可是珍贵的礼品。

“东风”吹进这被遗忘的角落，村里组织我们去小镇参加批斗会。会场前台跪着“牛鬼蛇神”，他们个个低着头，胸前挂只大大的木牌。猛然间，我看到了父亲，看到他那颤抖的手。我很想安慰他什么，心里不住地说：我不是小黑帮，我有非农户口。父亲好像听到我说的话，微微地抬起头。

也许是土地贫瘠，“文革”的火焰只燃烧了两年，小镇又恢复了往日的平静。我们离开了瓦屋庄，离开了淳朴的乡亲。阔别两年，院子里的小树已长得很高。

黄土地里有我童年的欢乐，我们种菜、爬树、玩泥巴。春天，油菜花满园芳香，蜜蜂忙着采蜜，我想蜂蜜一定在蜜蜂的尾巴上。我捉了一只蜜蜂，害怕它会咬我，就让好朋友狗娃试试，如果有蜂蜜，我们可以美美地吃它。没想到蜜蜂叮着狗娃的嘴巴，很快起了个大包。看着狗娃的泪脸，我心里充满自责，不该欺负乡下人，多少年后我还在后悔。

每年春节前，母亲把领票证的任务交给我。花花绿绿的票证有粮票、煤票，只有非农户口才有，我得意得有点飘飘然。全县的煤在一个通火车的小站供应，看到很多人在煤场挑煤块，我不自觉地加入此行列，待挑好一大堆煤块，递上煤票结算时，收款员给我一个冰冷的脸。原来好煤仅供应县城，我们只能买劣等煤。磨破皮的双手，静静地渗着血，五十里路，我一路小跑地回家。

我上初中了，英语老师是一位上海知青。她穿着淡兰色的衣服，显得很美，带着上海味的普通话，像阵阵清风，我更羡慕她那曾经拥有过的。老师对我很好，上课老是提问，害得我不得不认真复习。后来，老师考取了上海大学，圆了她的回城梦。

高中毕业，我加入了插队知青的行列。妈妈捧着户口迁移证，泪水从眼角滑落，薄薄的纸决定我从此成为狗娃一样的乡下人。我知道，妈妈的泪水饱含着无限的期盼。

背着妈妈给我缝制的被子，来到不富的富旺村，看到了像瓦屋庄一样憨厚的人们。出于照顾，队长安排我到生产队猪场养猪。猪对新主人很友好，又是拱鼻子，又是摆耳朵。16岁的花季，我并不孤单，猪成为我的好朋友。猪场离大水库三四里，水库上面的田，只有汛期才淹没，平时长着很嫩的草，这可是我的大牧场。我将十几头猪按身高排队，花耳朵大白猪领头，迈着整齐的步伐走向牧场。花耳朵很尽职，对不遵守纪律者，会用拱鼻制止。我采用激励机制，提拔花耳朵为“县城户口”，其他表现好的为“非农户口”。真后悔当时胆小，否则花耳朵可能晋升为“美国绿卡”。我躺在水库埂上，梦想哪一天成为白云山石场的工人。白云山石场为地方国营矿，那里有父亲的足迹，一条铁路线连着遥远的大上海。

花耳朵大白猪

一年后恢复高考，经过“战火硝烟”洗礼，我有幸成为大学生。妈妈捧着户口迁移证，眼里充满着泪花，这是她期盼的果实吧。户口像一根魔棒，昨天的放猪娃转脸变为城里人。

大学毕业后，我成为国营企业的技术员，成为真正的城里人。我捧着沉甸甸的户口本来到妈妈的面前，我看到她那微笑的脸，也看到她眼角的皱纹和根根白发。两年后，妈妈没有走完人生的52个春秋，离我们而去。我知道，她没有带走遗憾，她很满足。

十多年后，我成长为一名优秀的工程师。不知足的心，使我开始闯荡大上海。喝着黄浦江的水，听着大都市的喧嚣，我拥有了属于自己的房子、车子和一片事业。人类已进入21世纪，买米不再需要粮票，做饭用上了煤气。蓝印户口、居住证政策出台，人们享受着改革的成果。浦东有个由由新村，开发浦东使当地农民从田里出了头，故而得名。我们公司取名“绿娃”，是改革开放使田里的放猪娃也能出头。

岁月流逝，一不留神皱纹爬上我的额头。孩子是幸福的，购房后有个蓝印户口，3年后，孩子正式成为大上海的人。当我接过散发油墨芳香的户口本时，我的眼睛湿润了，恨不得插上翅膀飞回遥远的小镇，飞到妈妈的身边，双手递上这大上海户口。

歌星孙悦背后的故事

十多年前，孙悦以一首《祝你平安》轰动全国，进而红遍中国大江南北，成为家喻户晓的歌星。

现在社会上非常关注明星的绯闻、吸毒等负面消息，很少有人知道他们成功背后的艰辛。

平安天悦饭店

北京天通苑小区有一个平安天悦饭店，墙上挂着孙悦的大头像，朋友告诉我，这个饭店是孙悦哥哥开的。

据说孙悦没有上过音乐学院，算是草根一族，虽然酷爱音乐，在“星”光灿烂的舞台上，很难有一席之地。要制作 MTV 费用在 40 万元左右，对 20 岁的孙悦来说是天文数字。

有人说可以寻找投资人，试想谁愿意为不知名的小女孩投资。孙悦的哥哥、嫂嫂在北京开了一家小餐馆，得知小妹情况后，他们将餐馆转让为小妹筹集资金，哥嫂俩去外面餐馆打工。当哥嫂将 40 万元交给孙悦时，孙悦泪流满面，这钱是哥嫂的全部家当，这钱饱含着哥嫂对小妹的挚情。

有人问：孙悦哥嫂是否考虑过投资可能失败吗？其实很简单，他们只想圆小妹的音乐梦，没想得到什么回报。孙悦一首《祝你平安》像春雨滋润人们的心，她亲切的笑容，真诚动人的歌声，征服了亿万人的心。成名后，找孙悦做广告、代言的人排成队。

两年后，孙悦在北京天通苑投资一家饭店取名“平安天悦”送给哥嫂，以报答他们的恩情。

每当我去北京，都会去平安天悦饭店，那里让我想起孙悦哥嫂美丽动人的故事，感受着人间的真情。

孙悦红了，没有人知道她哥嫂的名字，其实名字已不重要，在他们看来是正常不过的事，我们的社会正需要这种人间的真爱。

几年前，我将相关内容在论坛上发表，结果招来“板砖盖顶”。

有人说：“大婶级的人还晒出，很恐怖。”

现在舞台上“小鲜肉”星光灿烂，然而若想成为艺人不仅要自身刻苦努力，还要有经济条件去拜师学艺和包装，很多人已是大婶还上不了舞台。孙悦刚出道也是“小鲜肉”，岁数大了当然成为大婶，人不可能永远保鲜，有什么恐怖，关键是人的素质修养。

有人说：“哥嫂出钱给妹妹，自家人有什么好感动。”

城里的年轻人多数为独生子女，父母不一定有经济条件供你学艺和包装，总不能将住房卖了去露宿街头吧。农村的年轻人可能有兄妹，假如你是哥哥愿意为小妹出资，你老婆能同意吗？一旦失败可能会倾家荡产。

让他三尺又何妨

桐城六尺巷

2016 年央视春晚，赵薇演唱的歌曲《六尺巷》是以安徽桐城六尺巷典故为题材：“我家两堵墙，前后百米长。德义中间走，礼让站两旁。”位于安徽桐城的六尺巷，其得名源于康熙朝宰辅（大臣）张英对邻居“让出三尺”的故事。

清康熙年间，礼部尚书张英的桐城老家人，与邻居吴家在宅基问题上发生争执，两家各不相让，将官司打到了县衙。因双方都是官位显赫的名门望族，县官不敢轻易了断。

于是，张家人千里传书给在京城的张英求援。收书后，这位当朝大臣批诗一首寄回老家，便是这首流传至今的打油诗：“千里家书只为墙，让他三尺又何妨？长城万里今犹在，不见当年秦始皇。”

一见回信，张家人豁然开朗，将围墙退让了三尺。吴家见状深受感动，也让出三尺，形成了一个六尺宽的巷子。从此以后，这条六尺宽的巷子就以“六尺巷”之名闻名乡里，成为民间佳话。

李鸿章故居

李鸿章是清朝末年的风云人物，官至直隶总督兼北洋大臣，有人说他是卖国贼，有人说他是民族工业的奠基人，历史功过暂且不论。

李鸿章故居在安徽合肥（古庐州府）的淮河路上，故居为徽派四合院建筑，两层楼房，高高的马头墙，气势非凡。故居西边有一巷口，人称一人巷。

传说李鸿章在京城时，邻居紧靠老宅（故居）建房，李鸿章家人勃然大怒，邻居真是吃了豹子胆，竟敢在太师头上动土，速差人去京城报信。李鸿章引用了清朝大臣张英的家书，回信道："千里家书只为墙，让他三尺又何妨？万里长城今犹在，不见当年秦始皇。"李鸿章家人看信后，将房子退后一米，故而留下一人巷。

小时候我随家人走过这一人巷，只见墙面是小青砖，地面是青石板，由于年头久远，青石板表面被磨得很光滑。记得当时一人巷北面通往城隍庙，这一片也称为庙街，如今淮河路商业街改造，一人巷不知是否还存在，但留下的故事很难从记忆中消失。

我们生活在社会中，离不开同事、家人，不可能每天都能按自己意愿行事，这需要有宽广胸怀。

对人对事要多包容，你胸中只能容一人，你以后只是孤家寡人；容两人，你能成个家；容三人，你有个孩子；容多人，你才是健康的人，成就大事的人。

人的一生应该怎样度过

钢铁是怎样炼成的

《钢铁是怎样炼成的》封面

20 世纪 50 年代后，苏联作家奥斯特洛夫斯基的《钢铁是怎样炼成的》震撼着千千万万中国人的心。

第二次世界大战中，苏联的卫国战争是世界上最惨烈的战争，历时 4 年，苏联不足 2 亿人口，死伤却达 3000 多万人。

书中主人公保尔·柯察金是作者的原型。卫国战争中保尔作为一名红军战士，在寒冷的西伯利亚修筑铁路支援前线，战争、寒冷、饥饿、疾病时刻吞噬着他们。保尔差点被冷枪打死，得伤寒后差点被人扔下火车。

他默默地工作，无私地奉献着。下肢瘫痪、双眼失明后，仍以顽强的毅力与病魔斗争，用生命写成了《钢铁是怎样炼成的》这部震撼人心的巨著。

书中有句名言："人最宝贵的是生命，生命对于我们只有一次，一个人的生命应该这样度过：当他回首往事时，他不因虚度年华而悔恨，也不因碌碌无为而羞耻。"保尔是一位普通人，没有什么惊人的壮举，只是在本职岗位上努力工作，支撑他的是一种精神。

中国工农红军两万五千里长征，爬雪山、过草地，前有堵截、后有追兵，抢渡金沙江，四渡赤水，红军由十几万人减至两万多人，终于到达了陕北延安。红军不畏艰难困苦，是理想和信念支撑着他们。

上海运动员刘翔在雅典奥运会上获得 110 米栏世界冠军，这是我国男运动员在世界田径大赛中获得的第一块金牌，刘翔的成功在于对事业的不断追求。

人生观的实质是一种思想，是一种精神。人的意识决定人的行为，正确的人生观使人积极向上，反之使人消极。

支撑保尔·柯察金的是一种爱国主义精神，一种无私奉献精神。卫国战争的胜利是千千万万个像保尔一样的普通人用汗水、鲜血和生命换来的。

“联盟号”宇宙空间站

苏联有过40年的辉煌，是唯一与美国抗衡的世界超级大国。苏联发射了世界上第一艘载人宇宙飞船，航天员加加林成为国家英雄。1992年，苏联分裂成为十几个国家，超级大国就此轰然倒下。

当时，苏联几个航天员正在“联盟号”宇宙空间站上，准备返回地面。结果，各国忙于选总统，无暇顾及。总统选好后，空间站所有权归属、费用等问题有待协商，最后确定空间站归俄罗斯，返回地面费用平摊，此时空间站上已快弹尽粮绝，折腾了一个多月的宇航员终于返回地面。以后俄罗斯沦为二流国家，其实质问题是国家精神的缺失。

刘翔的家在小弄堂里，成名后上海市奖励他一套房子、百万元奖金。如果刘翔心里只想钱，计算着一步多少钱，刘翔不可能有今天，他的成功在于对事业的不断追求，他的成功是用汗水换来的。

自己能为国家做什么

中国经历了漫长的计划经济，长期以来经济落后，人们的思想封闭保守。20世纪80年代后，中国改革开放，经历由计划经济向社会主义市场经济过渡。30多年来，经济以平均两位数高速增长，成为世界第二大经济体，与美国一道被称为世界经济的“火车头”。

我国经济虽然得到高速发展，人们的思想还远远不能适应新的环境，社会普遍存在着浮躁情绪，急功近利，一些政府官员为追求政绩，搞假大空的形象工程，宽马路、大广场。如阜阳某区政府办公楼像白宫，某乡政府办公楼像天安门。

人们讲奉献的少了，诚信缺失了。国外有篇文章说：中国的年轻人很喜欢换工作，什么时候都是公司对不起他，老板对不起他，什么事情都是公司不对。美国前总统肯尼迪说过一句名言：“不要问这个国家能为你做什么，问问自己能为国家做什么。”

负起我们的责任

婴儿一出生的哭啼声，预示着人生磨难和奋斗的开始，人类伟大所在是能面对困难并战胜困难。

我们是黄皮肤、黑头发的中国人，这一事实是改变不了的，就是拿到美国绿卡，也是美籍华人。我们不爱中国，爱谁？想做老美的儿子，人家不一定要你。我们是社会发展的参与者，也是受益者。中华的崛起、民族的振兴是我们的责任。

不管愿意还是不愿意，人们都必须工作，同时承担起相应的责任，这是绕不过的坎。我们在公司工作，有很多的同事，这是一种缘分，常说“千年修得同船渡，万年修得共枕眠”，我们应该用好的心情去对待工作，用真诚对待别人，这样，你上班就会轻松，就会有好心情，工作才会做好。

当组成一个家庭的同时，你必须承担起家庭的义务。我们挣钱让老婆孩子有饭吃，同时承担起教育培养子女的责任。我们付出的同时，也享受着家庭的温馨，享受着生活的快乐。如果连老婆孩子都不爱，你准备爱谁？

不要怕，不后悔

大山里，一个小男孩准备去外面发展，面对外面新奇而陌生的世界，他忐忑不安，临行前去一寺庙，请求老和尚指点迷津。老和尚写了“不要怕”3个字交给小男孩，并说道：“这3个字够你享用半辈子。”

20多年后，小男孩已人到中年，生活中有成功，也有失败，但他为曾经的失败而苦恼不已。

这时他想到了家乡那个寺庙，记得师父只告诉他人生的前句话，后句话还不知晓。于是他回到阔别多年的寺庙，当年的老和尚已过世，继任的主持拿出老和尚生前留下的一封信，只见信上写着3个字“不后悔”。

现在城里都用上了自来水，而在农村很多地方，盛水用的是陶瓷水缸。一天，农夫买了一个水缸扛在肩上，一不小心水缸摔碎，农夫头也不回地向前走，路人不解地问：“水缸打碎，你为什么不回头看一眼？”农夫回答：“水缸打碎已伤害我一次，若回头岂不再一次受伤害！”

过去的事无法再改变，若纠结只会伤害更深。有句名言：有胸怀接受不可改变的事情。

一位小孩在大街上丢了100元，坐在路边大哭起来，一位路人见状给了他100元。小孩接过钱后，哭得更厉害了。路人不解地问：“我刚给过你钱，为啥还哭？”小孩说：“如果钱未丢，现在我会有200元。”

人若对过去不完美的事念念不忘，始终生活在后悔之中，就不可能对当下的收获而感到快乐。

专心才能致志

如今社会比较浮躁，《小猫钓鱼》大家在小学课本里学过，只是很多人至今还不明白其中的道理。

小猫钓鱼

一天早上，猫妈妈带着小猫到小河边钓鱼。一只蜻蜓飞来了，小猫放下鱼竿就去捉蜻蜓，蜻蜓飞走了，小猫空着手回到河边，只见猫妈妈钓了一条大鱼。过了一会，一只蝴蝶飞来了，小猫放下鱼竿就去捉蝴蝶，蝴蝶飞走了，小猫空着手回到河边，一看猫妈妈又钓了一条大鱼。小猫说："气死了，我怎么一条小鱼也钓不着?"猫妈妈说："钓鱼不能三心二意。"于是，小猫静下心来钓鱼，蜻蜓飞来了，蝴蝶也飞来了，小猫就像没看见一样。不一会儿，小猫钓到了一条大鱼。

20 年前，小毛在上海承接装饰工程，工程完工后，赚了 5 万多元，当时在上海可以买一套小房子，若继续做下去，前景一片光明。然而小毛听说运输可以赚大钱，于是回老家买了一部大货车跑运输。由于运输市场竞争激烈，加之车技不高事故不断，几年后赔光所有还欠下几万元债。

小毛听说水产批发来钱快，于是托人办了营业执照、卫生许可证。经营一段时间后，发现水产批发赚钱更难，只好选择放弃。为了一家三口人的吃饭，小毛去上海一家公司打工，几年下来，小毛还清债务后还有结余。

当年的小毛已成为大毛，大毛情商很高，将老婆、孩子安排在 A 市生活，自己带着女朋友去 B 市当小老板。女朋友很能吃苦，里里外外一把好手，几年时间的经营，大毛买了一套房子。

然而，大毛很难静下心来做生意，每年一半时间周游多个城市。大毛发现市场某产品畅销，从银行贷款、集资几十万元，经营几年结果是血本无归。

如今饱经风霜的大毛已成为老毛，本想与老婆离婚后，同女朋友过日子，没想到婚离了，女朋友却跟别人走了。真可谓：脚踩两只船，船走了，自己掉入河里。

老毛没有反思自己，总是抱怨社会不公、女朋友见异思迁。现在老毛很难静下心来，想当老板又缺乏资金，若打工又放不下身段。

红尘滚滚

1997 年 5 月，李娜一曲《青藏高原》惊天动地，不久一步步走向艺术之巅的歌星李娜出家为尼，事件震动了中国歌坛，让许多歌迷震惊、流泪、惋惜。

李娜，1963 年出生于河南郑州。当年从河南戏校走向社会，走向北京，没有靠山，没有背景。但是，历经十个春秋的寂寞攀登，李娜的名字终于走向千家万户，红透神州大地。从《好人一生平安》到《青藏高原》，形象地描写出她的艰苦历程。近十年来，她为 160 多部影视剧配唱 200 多首歌，中国影视剧几乎一半叫响的歌曲是她唱出来的，奠定了她在中国歌坛大姐大的地位。

那么，人们不禁要问：这样一个唱得大红大紫、事业如日中天的一代歌星，为何遁迹空门?

我们没有达到佛门境地，只能从俗人角度胡说八道。不少人猜测：李娜成为中国歌坛大姐大，失去了追求的目标，回想自己走过的路，看透了人间红尘，选择逃避。

是的，社会有很多不和谐，存在着假丑恶，天有黑夜、季节有夏秋冬。若看破红尘，像驼鸟一样将头埋进沙堆里选择逃避，解决不了问题。其实，阳光雨露、鲜花绿草是大自然赐给人类的美好礼物，工作学习使我们充实，是人们努力奋斗的阶梯。正是由于社会的不完美，才需要我们去改变。

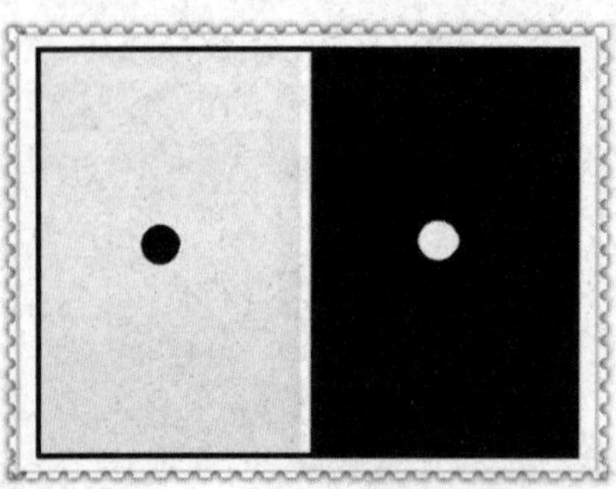

老师在白纸的中间用黑笔画一圆问同学："这是什么颜色?"很多人答道："黑色。"老师说："这么大片光明为什么视而不见，只看到黑暗?"

老师又将黑纸中间用白笔画一圆问同学："这是什么颜色?"很多人答道："黑色。"老师说："为什么只看到黑暗，没有看到黑暗中的一缕曙光?”

红尘之中难有一方净土，若不是反响太大，千年古刹少林寺或许将成为中外合资的上市公司。

酸甜苦辣烹饪出美味佳肴，悲欢离合编织人世间五彩斑斓。忘记烦恼，快乐每一天，忘记黑暗，光明每一天。

用《祈祷》歌词作结束语：

让我们敲希望的钟啊，多少祈祷在心中；
让大家看不到失败，叫成功永远在。
让地球忘记了转动啊，四季少了夏秋冬；
让宇宙关不了天窗，叫太阳不西沉。
让欢喜代替了哀愁啊，微笑不会再害羞；
让时光懂得去倒流，叫青春不开溜；
让贫穷开始去逃亡啊，快乐健康留四方；
让世界找不到黑暗，幸福像花开放。

做最好的自己

20 年前，很多中国人还在没有厨卫的筒子楼里蜗居，自行车是主要代步工具。而今天，一家有多套房子还不满足，政府被逼出招限购。城市车满为患，虽然汽车是外国人发明的，道路上行驶的汽车多数是洋品牌，但聪明绝顶的中国人发明了车牌拍卖、摇号和单双号限行。

中国经济快速发展，物质条件天翻地覆，然而人们的幸福指数却在下降，经济最发达的北京、上海、深圳，幸福指数“垫底”。

一位名人说过：“地球上的资源已足够人类生存，而无法满足人的欲望。”

中国是目前世界上竞争最激烈的国家，奥数、钢琴、外语从娃娃抓起，不让孩子输在起跑线上。重点小学、重点中学高额的择校费，挡不住家长望子成龙的步伐。上大学已不满足，只有清华、北大、复旦才是最爱。

股市成就了不知多少人的发财梦，诞生了无数自以为自己聪明，甚至是股神巴菲特的股民。网络经济成就了比尔·盖茨、马云、马化腾等一批精英，于是乎，www. com 成为人们追求暴富的多彩泡泡。

每个人的自身条件、环境大不相同，只要努力，做最好的自己，幸福永远伴随你。而不现实地去争第一、当首富，就不可能享受人生的快乐，只会在痛苦中挣扎。

登山运动员

一登山队员艰难地爬上了珠峰海拔 7000 多米的高度，回到营地，他非常兴奋。别人问他：“为何不爬上顶峰?”他说：“我深知自己的能力，这是我攀登的最好成绩，当然高兴，若拿生命作赌注，也不可能实现。”

我曾经是一个农村的放猪娃，能够上大学，进国企并担任分公司经理，在当时令多少人羡慕。20 多年前，当我选择辞职，带 1 万元到上海创业，虽然经历坎坎坷坷，终于创出上海门窗行业的知名品牌。

在上海，我告别曾经的蜗居时代，有了属于自己的别墅。我们辛苦打拼，就是要让家人能过上好日子。

最感到欣慰的是：我老家的一大批亲戚走出了大山，成为小老板，从此改变了他们的人生。如今从绿娃走出了几十位百万富翁，其中还有千万富翁。

虽然我身上的激情没有消退，也不会“小富即安”，企业能发展到今天的规模，可能是我事业的顶峰，我为自己点赞。若企业再提升，深感力不从心，当年轻人能够顺利接棒，将绿娃企业发扬光大，才是我所期盼的。

一个人的能力有大小，只要充分展示就是最好。做最好的自己，其实是一种心态，一种平常心。如果将比尔·盖茨、巴菲特作为标准，那么全世界的人都将去跳楼，股神、首富还赚谁的钱，他们只会跟着跳楼。

感谢您爸爸妈妈

突然间我变得无依无靠
失去了你温暖的怀抱
你付出了无数的辛劳
只为我一天天长高
希望的泪花在眼中闪耀
那是你付出不求回报

你像烛光一样的燃烧
爱的灯火把我生命照耀
爸爸妈妈我错了
是你用温暖和关怀把我养大
爸爸妈妈你们原谅我吧
为了明天我要努力去报答

李仕一曲《感谢您爸爸妈妈》催人泪下，世界上唯一真心付出不求回报的是父母。高档写字楼里的白领，年薪超过 10 万元，还要父母为他们付房款，还大叹“房奴”“孩奴”。

若有一天，你能为父母洗次脚，梳一次头，当你看到他们脸上的皱纹和根根白发，你会明白许多。

现在孩子要上重点小学、重点中学，择校费数万元。农村教育成本更大，乡村学校纷纷关闭，初中、高中都集中到县城，形成庞大的陪读群体，父母打工支撑了畸形的教育经济。若孩子高考能顺利通过，父母得筹措上大学的费用，若不能通过，再复读……

城里孩子结婚要有新房，农村孩子结婚县城要有新房，不少人责怪丈母娘推高了房价，其实可怜天下父母心。

父母用温暖和关怀把我们养大，高昂的学费、天价的房子将他们的血汗榨干。只可惜不知有多少人知道父母的艰辛，懂得感恩。

有一对在北方城市做生意的夫妇，整天辛劳奔波，春天的风沙、冬天的寒风将他们洗劫得满面沧桑。因户籍限制，他们托关系、付赞助费，将孩子送进老家的县城学校，如今孩子已读高三。然而，几年来孩子很少与父母说话，并指责父母只顾赚钱，没有很好地照顾他的生活。最近男孩的妈妈因癌症手术，身体很虚弱。虽然生命的终点不知何时，但她心中依然惦记着自己的孩子。

其实，教育的目的是培养社会有用人才，如果对父母都不知道感恩，上学有何用！我不相信心态差的人会有好成绩，会考上重点大学！

2016年清明节，一名“80后”沈阳女孩以写微博的方式，寄往天堂的1224封信陪去世四年的妈妈“唠嗑”走红网络。

“妈，昨晚一宿都是关于你的梦。梦到你回来了，但我知道你已经走了，你说一年只能回来一次看我，我说妈，你别走了，我想你怎么办？你说你想妈时敲敲墙，然后听听墙里的声，妈就跟你说话了。妈，之后我醒了，泪流满面。”

“过去妈妈时常让我陪着一起逛街，但我却嫌妈妈买东西磨叽，总是推脱；以前妈妈总让我教如何摆弄手机，我总是不耐烦嫌妈妈学得慢，现在想想实在是太不懂事了。”

“有的时候不是父母不了解你，而是你没有给他们机会。他们只是你手机背面的那两个人，而你却是他们的全世界，放下手机跟他们聊聊吧。不要以为生命很长，其实相处很短，希望年轻人们能放下手机，给爸妈一点时间。”

每篇微博都是以“妈”开头，就像平常唠嗑一样，微博中有很多是写她当天遇到的事情，还有一些联想到妈妈在世时的往事，言辞中充满了她对妈妈的想念和愧疚之情。这些暖暖的微博，让不少网友懂得更珍惜拥有妈妈的每一天。

这里以北师大于丹老师说过的一段故事结束：

很早以前，村边有棵大果树，孩子们在树上玩耍、吃着果子。当孩子长大时，大树说：用我的枝干盖间新房子吧。当孩子要闯荡江湖时，大树说：用我的身子做个独木舟吧。多少年后返乡时，曾经的孩子已鬓发花白，大树说：孩子，我没有什么再给你，就在树桩上歇歇脚吧。我们明白了，大树就是我们伟大的母亲！

高处不胜寒

近年来，歌坛明星频曝吸毒、斗殴丑闻，伤害了众多的追星族。歌坛明星在舞台上，在聚光灯下，有种众星捧月的虚荣感，回到生活中容易出现空虚和失落感。

20年前，歌手尹相杰与于文华合唱《纤夫的爱》而一举成名。2014年，尹相杰因吸毒入狱，一年后刑满释放。然而尹相杰出狱后三个多月，于2015年11月再次因吸毒被抓。尹相杰自称："我没有毒瘾，只是最近工作压力太大，为了减压，才吸毒。"

所谓歌手由于压力大，吸毒是为了减压，简直是扯淡。如今众多的北漂歌手为了圆音乐梦，住地下室，吃泡面，难道他们的压力比住在北京朝阳豪宅里的明星小吗？菜市场卖菜大妈一元一角地攒钱，小区门前三轮车夫3元、5元一趟的车费，只为了农村留守孩子的学费和吃饭，他们才是"压力山大"，难道他们只有去跳楼吗？

人的成功离不开天时地利人和，成功的人只是少数。如果能理解是父母、朋友、歌迷成就了自己，能够走上万众瞩目的舞台，成为大哥大、大姐大，更应该懂得感恩，懂得对生命的敬畏，还有什么不满足？有什么不快乐？太阳升起落下，大海潮起潮落，要保持一种平常心。

美国、苏联两个超级大国曾一度称霸世界，之后苏联轰然倒下，一时间老美很孤独，找不着方向，于是乎将中国塑造成自己的假想敌，开始"修理"中国。

2001年9月11日，基地恐怖分子用客机撞击美国110层国贸中心，标志美国经济辉煌的双子塔相继倒下，世界为之震惊。

面对恐怖威胁，老美无暇再敲打中国，甚至联合中国反恐。美国出兵阿富汗、伊拉克，发动所谓的反恐战争，但是颠覆一个主权国家违反了国际法，绞死一个国家总统更是残忍。

“9·11”后，中国经济持续发展，成为世界第二大经济体，而老美深陷阿富汗、伊拉克战争泥潭无法自拔，后来老美和欧洲国家开始攻打利比亚。中国以前一直支持利比亚，但卡扎菲将油田项目拱手交给美国、欧洲，甚至中石油从外国公司手里高价买个小油田也被搅黄，中建公司只是在老外多次转包的工程中分一勺羹。没想到利比亚一乱，中国工程项目几乎血本无归。

利比亚战争，美国首次将指挥权移交欧洲，虽不说美国气数已尽，但世界霸主已力不从心。美国在中东反恐越反越恐，恐怖组织的伊斯兰国（ISIS）异军突起，竟然将美国、英国记者斩首，美国只是出动轰炸机、无人机挠痒痒地打击伊斯兰国。

无论是歌坛天王还是世界霸主，若没有平常心，不能够反省自己，虽然可能高高在上，但高处不胜寒，总有一天会跌落神坛，摔得粉身碎骨。

努力不一定成功，放弃一定失败

2011 年 7 月 20 日，“小巨人”姚明宣布正式退役，结束自己的职业运动员生涯。姚明退役的消息触动了亿万中国人，人们衷心祝愿他在新的事业和生活中取得成就。请永远记住姚明的人生感言：努力不一定成功，但放弃一定失败。

中国运动员有很多世界冠军，虽然姚明只是一名世界优秀篮球运动员，然而像姚明那样以个人魅力，在国际社会成功打造“中国名片”的绝无仅有，“姚明旋风”席卷中国十年不衰。美国人不一定知道世界冠军邓亚萍、张怡宁，但很多人知道 YaoMing（姚明）。

姚明能够成为优秀篮球运动员，除了具有身高优势和家庭教育的基础，更重要的是具有顽强拼搏、永不言败的精神气质。

姚明 18 岁加入中国职业篮球联赛，22 岁时成功登陆 NBA 成为其历史上首位外籍状元秀，28 岁第 7 次成为 NBA 全明星赛西部队的先发中锋，姚明为这些成绩付出了难以想象的汗水和牺牲。虽然全身上下负伤 20 余次，旧伤未愈又添新伤，但他总是一次次坚强地复出，在赛场上实现惊天逆转。

姚明是篮球巨星，同时也是不折不扣的巨富，自 2002 年加入 NBA 后，姚明 9 年职业生涯的净收入已经超过 20 亿元人民币。有人说中国人“仇富”，但似乎从未听说有人“仇”姚明之富。

姚明退役不是“姚明旋风”的结束，而是另一个“姚明时代”的开始。让我们殷切地期待姚明在未来的人生道路上，为自己、为社会创造更加丰富的财富和价值。

我们每个人无论是工作、学习，还是创业，只要努力就会有收获。一个人的能力有大小，虽然努力不一定能够成名成家或成为亿万富翁，然而放弃将会前功尽弃。我们更加领悟姚明的人生感言：努力不一定成功，放弃一定失败。

同学们，爱我们的父母吧

几年前，我在内地一所学校看到一幅标语，上面写着："同学们，爱我们的父母吧！"看似普通的话语，却一直印在我心中。

随着社会的发展，父辈们可能不需要"面朝黄土，背朝天"的劳作，子女们很难体会"谁知盘中餐，粒粒皆辛苦"。

今天的父母望子成龙、望女成凤，考上大学成为唯一目标。学校里，分数的指挥棒调动着学生、老师和家长。学校素质教育仅仅停留在大科学家牛顿、爱因斯坦，还有舍身炸碉堡、堵枪眼的董存瑞、黄继光的挂画上。

分数是检验学习效果的重要手段，但只是书本。管理培训大师余世维先生说道："中国的学校不比国外少，北大数学系课程难过外国研究生，但中国的社会教育远远落后。美国、日本等国从小教育小孩负起责任，才会有整个民族的强盛，才会有经济的高度发达。"

父母养育我们，甚至背井离乡打工，洒满汗水去赚钞票供我们上学。父母的爱是无私的，在我们犯错或逆境时，表现出很大的宽容。人们常说"滴水之恩则涌泉相报"，作为子女是否能理解父母，爱着父母？记得有句名言"一屋不扫何以扫天下"，如果连自己的父母都不爱，试想他们长大后，可能去爱家庭、爱集体、爱社会吗？

随着高等教育的发展，考大学不再是千军万马过独木桥，而高等教育方式也很多。今天的社会，不仅要有文化知识，市场打拼更要靠综合素质。综合素质的根本是诚信，就是先做人后做事，如果连人都不会做，谈何做事？我想再说一声："同学们，爱我们的父母吧！"

不求永远，只愿曾经拥有

20 世纪 90 年代，24 岁的陈琳以《你的柔情我永远不懂》一曲成名，至今还拥有众多的粉丝。

2009 年 10 月 31 日，陈琳在北京一住所跳楼身亡，终年 39 岁。其原因可能是事业不顺及为情所困。无论何因，人的生命不能如此轻率。

陈琳有房、有车、有家庭，只是在以后的歌坛生涯中表现平平。多少歌迷没有忘记她，《你的柔情我永远不懂》伴随我们度过那美好的时光。

成为歌星是多少人追寻的梦，然而能够成为歌星的只是凤毛麟角，更没有永远的明星。多少人一生平平淡淡，而人生曾经辉煌，曾经拥有应该知足，应该倍加珍惜。

小区门前三轮车夫很多是孩子母亲，她们没日没夜地为 3 元、5 元一趟车费而奔波，三轮车是她和孩子的饭碗。她们没有成名的机会、没有社保，说不定某一天车子被城管没收。她们珍惜家庭，让孩子接受教育，只希望孩子以后生活更美好。

大海潮起潮落，太阳升起落下，人们又迎来一个灿烂的明天。亲情无价、生命无价，名利只是身外之物，只愿曾经拥有，何苦祈求永远。

教育园地

社会的发展在于教育，教育改革的滞后，影响着社会、企业和家庭。作为企业和个人，我们无力去改变什么，但必须面对。最近党的十八届五中全会确定普及高中阶段教育，推进中等职业教育的政策，拉开了教育改革的序幕。

现在大学生创业成为热门话题，大学生缺乏实践，在管理、资金等方面存在着不足。大学生需要脚踏实地做很多准备，只有看清自己、看清市场，才会作出正确的判断，才能提高创业成功的概率。

高速时代，教育的牛车负重前行

中国改革开放及恢复高考已30多年。改革开放改变了中国僵化的计划经济模式，中国经济得到了快速发展，已成为世界第二大经济体。然而，中国教育改革的滞后，严重阻碍了中国经济的可持续发展，所产生的效应将影响着几代人。

高考——千军万马的厮杀场

1978年，中国结束了十年的动乱，恢复了高考制度，中国的青年农民、工人放下镰刀和锤子走进考场，一批人包括现任共和国总理有幸走进课堂，成为恢复高考后首批大学生。在中国人才紧缺的年代，他们担负起了祖国建设的大任。

1999年中国高校开始扩大招生，使更多的年轻人接受高等教育，对提高国民整体素质好处多多。高等教育由精英教育逐步走向了大众教育，2016年中国高校的毕业生达770万人。

高考制度虽然还存在很多缺陷，但目前是中国最公平的选拔方式。

不知何时，高校有了“211工程”，后又搞了“985高校”，最近又说到2020年，中国若干所高校将进入世界一流大学行列。

国家对部分高校重点投入，希望进入世界一流大学行列可以理解，但是将有限的资金、人力资源集中用于精英教育上，会使普通高校经费不足，人为造成教育不公平，不能更多地培养出社会有用人才。

以前人们能上大学就皆大欢喜，而如今的精英教育扭曲了学生及家长的心态，造成了社会资源的浪费。小学、初中、高中也分什么重点及一般学校，主线是围绕高考。于是素质教育弱化了，学生体质下降了。为了提高分数，竟出现号称亚洲最大的高考工厂——毛坦厂中学、衡水中学这类怪胎。

亚洲最大的高考工厂——毛坦厂中学

毛坦厂中学是安徽省重点高级中学。现有教学班200多个，在校学生近2万人，学校采用封闭式的半军事化管理。

毛坦厂中学虽然位于经济落后的皖西大别山区，然而高考催生了畸形的高考经济，万人的陪读大军造成一房难求，物价高涨，小镇网吧被取缔。

由于学校办学规模庞大，高考前出现数万家长送考的场面，而备受社会关注，学校被称为“亚洲最大的高考工厂”。

高校——标准化工厂

填鸭式的中小学教育，随着高考的厮杀告一段落。然而，无论是中国的普通高校，还是“211工程”“985高校”，填鸭式的教学方式依然未变。统编教材、专业设置雷同，教师缺乏实践，所培养出来的学生，只是像工厂生产出来的标准件。

若要改变中国的高等教育，首先要搞清楚教育的目的是什么，你的用户是谁，用户能接受你的产品吗。

一直以来，高校像一座象牙塔，教授在封闭的院子里孤芳自赏。如果高校培养的学生不能适应社会，用人单位还要花大力气重新培训，不仅浪费了国家资源，也耽误了学生的青春。

党的“十八大”教育方针

坚持教育为社会主义现代化建设服务、为人民服务，把立德、树人作为教育的根本任务，全面实施素质教育，培养德智体美全面发展的社会主义建设者和接班人，努力办好人民满意的教育。

所以高校的用户是人民大众，产品就是适应现代化建设需要的高素质人才。

高校无特色、专业设置雷同赶时尚

现在的高校找不到方向，不知道自己要做什么。

近年来，中国高校掀起了改名的旋风，专科学校升格为学院，学院改名大学，大学再换时尚的名字。经过几十年、上百年的历史累积才有今天的高校，说到机械专业人们会想到清华、交大，说到建筑专业人们会想到同济、天大，说到文理一定是北大、复旦。如果没有林森浩投毒案的报道，人们真不知道复旦大学还有医学院。

中国纺织业的摇篮——中国纺织大学

中国纺织大学源于20世纪三四十年代的上海四所纺织院校，现改名为东华大学，是国家“211工程”重点建设高校，学校办学涵盖理、工、管、文等学科，12个专业学院，在校学生近3万人。

上海是中国纺织工业的诞生地，100多年来纺织业是支撑中国工业的脊梁。中国纺织大学是中国纺织业人才的摇篮，为中国纺织业的创立和发展培养了大批的技术及管理人才。

东华大学

据说20世纪90年代国内纺织业不景气，造成招生困难，所以1999年中国纺织大学改名为东华大学。其实多年来中国纺织业一直处于世界领先地位，只是在品牌推广、时装设计方面落后。如今学校为了追求规模、多学科而改名，放弃或削弱核心专业，东华大学似乎像一所民办学院。

核心专业是高校的灵魂，若都改为多学科的综合性大学，就没有精力再做核心专业，结果是高校千篇一律。

其实改名并不重要，根本是办成高质量有特色的高校。否则按中国人的逻辑，美国著名大学麻省理工学院应改为麻省大学，加州大学伯克利分校早该去掉什么分校。相反名字响亮的美国西太平洋大学被曝是野鸡大学，打工皇帝唐骏等一批名人也纷纷中枪。

除了改名，中国高校还喜欢一窝风地开设时髦专业。开放之初，高校国际贸易专业火爆，大学教授连国际贸易规则都不清晰，只为了追求时尚。互联网大潮下，高校纷纷开办计算机专业，如今上海赛格、虬江路电子市场是全国高校计算机专业毕业生的群英会。为与美国华尔街接轨，高校又纷纷开办金融专业，毕业生进银行靠拼爹，其他人不知去向。如今又要开办创业专业，让一天老板都未当过的教授来忽悠，不知坑爹的学生是否输得只剩裤衩。

哈佛大学不是美国的“211”“985”，只是一所私立大学，从校园走出了数名总统及一大批政商界领袖。要想成为世界一流大学，光靠金钱、改名是不可能的。哈佛大学用不着改成宇宙大学，依然是全世界最受崇敬的大学。

红顶的校长，纸上谈兵的教授

高校本是做学问的一方净土，如今也涉入了官场。高校的地位要看校长的级别，省部级最高，以下是厅局级、县处级。校长走马灯地更换，纷纷步入仕途，高校很难做到长远规划。

不少大学校长也想自主办学，但手里不掌握招生方式、招生指标，甚至连用人的自主权都很小。

中国高校基础课的师资力量强大，不输于国外高校，而应用性的学科远远落后，习惯于闭门造车。

中国实战型教授——袁隆平、屠呦呦

杂交水稻之父袁隆平教授，经常带着农学专业的弟子下到田间，培养的超级杂交水稻，将中国水稻每亩产量由400公斤提高到900公斤以上。若袁教授天天在黑板上种水稻，就不可能实现水稻高产使数亿人填饱肚皮。

中国第一位获得诺贝尔科学奖项的屠呦呦教授，多年从事中药和中西药结合的研究实验，发明的新型抗疟药青蒿素，为人类健康作出了巨大贡献。如果屠教授整天忙于论文，就不可能有今天的成就。

高校要培养适应社会的优秀人才，必须有一大批有实践经验的教师。教师要走出校门走向社会，通过社会锻炼再回到校园，这样就会深刻了解社会需求及新技术的发展趋势。

高校要改变现行的教师选聘体制，让一大批有实践经验的工程师、技师走上讲台。实现高校与社会紧密相连，使高校真正成为新技术发展的前沿，为社会培养大批实用性人才。

职业教育是保证中国可持续发展的根基

中国30多年的快速发展，得益于中国制造业。而保证中国制造业发展的是职业教育。早年中国的职业中学数量众多，在各行业都有系统内的职工大学、技工学校，职业教育为制造业提供了大量高素质的管理人才和技工队伍，使中国成为世界工厂。

新世纪的互联网造就了像马云、马化腾等一批商业精英，而金融业的高薪、公务员的稳定，使得人们的观念发生变化，社会充满着浮躁情绪，制造业陷入了人才危机。

近年来，由于经济形势变化，制造业面临人力成本上升、产业升级转型的困扰，制造业形势严峻。然而遗憾的是职业教育没有为制造业保驾护航，而是被大大削弱。

如今普通高中、综合性大学多了，中等专业学校、技工学校正在消失。职业技术学院也没有特色，成为边缘化的三流大学。

山东蓝翔高级技工学校

山东蓝翔高级技工学校，简称蓝翔技校，创办于1984年。学校设有汽修、美容美发、厨师、电焊、挖掘机等8个专业，60余个工种，在校学员3万多人，累计为社会培养各类技能人才40多万人。

前几年，美国中情局所称“黑客攻击”来自蓝翔技校，让蓝翔技校“一夜走红”，而享誉海外。蓝翔技校的广告语“挖掘机，哪家强？中国山东找蓝翔”更是家喻户晓。

近年来蓝翔技校也出现一些负面新闻，然而作为民营职校为社会培养众多的各类技能人才贡献巨大。蓝翔校长说过：“蓝翔的学员若不好好学技术，与清华、北大有何区别！”话虽然偏颇，但反映了大学教育与社会需求存在脱节的现实问题。

日本、德国掌握着很多世界先进技术，产品以精细著称，主要在于职业教育发达，培养了一大批扎实严谨具有匠心精神的技术人才。近年来德国出现“排气门”事件，不少国人幸灾乐祸，但无论如何德国坚实的工业基础不会动摇。好比有爆料说范冰冰做过隆鼻手术，但是范冰冰就是不隆鼻也比我们一般人长得美。我们只有看到了差距，脚踏实地去努力，才会缩小差距。

制造业是国民经济的主体，是立国之本、兴国之器、强国之基，连经济高度发达的美国也将制造业回流美国本土。令人欣慰的是李克强总理已签批《中国制造 2025》规划，希望中国的职业教育能得到重视，再现辉煌。

缩短学制，课程简化，英语为选修课

以前小学初中为 8 年学制，高中 2 年；1978 年后初中小学为 9 年制义务教育阶段，高中 3 年。基础教育的目的是让学生接受文化知识，提高素质修养。然而在高考的指挥棒下，素质教育被弱化，一切围绕着高考科目，不重视其他科目。虽然高中学制 3 年，然而最后一年主要是复习做考题，实际学制 11 年。

中国大学本科学制 4 年，实际上课 3 年，最后一年实习找工作，而欧洲大学学制只有 3 年。

中国的教材受前苏联的影响较大，课程内容深，怪题难题多。中国学生的学业负担重，没有时间去思考、去创新。如果将课程内容简化，增加应用课程，这样可以缩短学制，为社会多培养应用型人才。

学制缩短能让学生尽早走上工作岗位，增加为社会服务的时间，减缓中国的老年化进程。

目前中国大学生毕业时的年龄为 22~23 岁，研究生为 25~28 岁，工作几年后年龄更大。由于生理原因，男人心智成熟迟，女人成熟早。婚姻最佳年龄是男比女大 2~3 岁。如果学制能缩短 2 年，对大学生的婚姻有利，能够促进家庭和谐稳定。

多少年来，英语成为从小学到大学的主课，英语考级还分 4 级、6 级。语言主要是为了日常交流，然而我们的课程偏重语法和笔译，中国大部分学生的英语是“哑巴英语”。

美国家长并没有刻意地教小孩语法，而小孩能很快地用母语交流。在日常生活中，除了课堂上中国人很少用英语交流，结果是汉语没学好英语也忘掉。现在流行很多网络用语和淘宝体，一个“亲”字感觉很萌、很亲切，没必要过分考量语法。

大城市里英语氛围好，师资力量强，而偏僻的山区县全开不了英语课程，面对高考他们已经输在起跑线上。十多年的英语课程是中国教育的最大浪费，也是高考最大的不公平，对中国西部人才培养非常不利，而西部不发展就没有真正的中国现代化。

打破阻碍教育公平的藩篱，提高全民整体素质

义务教育对提高全民整体素质意义重大，然而由于中国各地经济发展不平衡，加上户籍限制，国家义务教育并没有有效地落实。

城市是人类文明进程的标志，随着中国经济的发展，数以亿计的农民工进城，城市更加繁荣，而农村依然贫穷，并有大量的空巢老人和留守儿童。

20年前，农村的中小学很普及，学生可以就近上学。如今很多学生随父母进城上学，造成农村学校里学生很少，很多村庄学校被撤销，学生只有到很远的乡镇学校上学。这些留守儿童不仅要完成学业，还要独立承担起家务。远离亲人的留守儿童，他们的人身安全、心理健康令人堪忧。

贵州毕节4兄妹的留守儿童服毒自杀之殇

2015年6月9日晚，贵州毕节市田坎乡4名留守儿童在家中服用农药中毒，经抢救无效死亡。他们是4兄妹，最大的哥哥13岁，最小的妹妹才5岁。4个孩子生前穷得只吃玉米面。

哥哥留下遗书说：“谢谢你们的好意，我知道你们对我的好，但是我该走了。我曾经发誓活不过15岁，死亡是我多年的梦想，今天清零了！”

4名留守儿童的悲剧不仅是他们肩负生活的重担，更在于远离父母的孤独。我们城里人享受着家庭，享受着优质教育资源，还整天忙什么择校。留守儿童是我们中国大家庭的孩子，是我们的兄弟姐妹，愿所有的孩子能在父母身边，享受着亲情和尊严。

以前城市有很多民工子弟学校，让农民工子女有学可上。近几年，教育部门以安全原因，很多民工子弟学校被兼并或取缔。虽然农民工子女理论上可以上公立学校，然而社保及“8 大证”很难逾越，就是满足也要找关系。

民工子女最多只能上到初中毕业，高中必须回原籍就读，由于孩子随父母进城多年，原来熟悉的家乡已是陌生的地方。为了孩子学籍家长需要找关系，还要照顾小孩生活回原籍陪读。由于小学、初中阶段，城市的教材与内地不一样，高中的成绩很难提高，民工子女能考取大专都很不容易。

中国经过 30 多年的经济发展，有条件将 9 年制义务教育调整为 12 年，其中 3 年可作为职业教育，学生可以在父母工作地参加高考，最终取消高考户籍限制。

党的十八届五中全会明确提出“提高教育质量，推动义务教育均衡发展，普及高中阶段教育”。然而，近来北京、上海对非本市户籍人员的子女上学限制的条件更多，北京的很多非京籍子女只有到百公里外的河北上学，对就业环境、投资环境不利，对小孩的身心健康伤害巨大。

2010 年上海世博会的主题“城市，让生活更美好”，未来城市应倡导人际关系、人与自然关系的和谐。城市里有本地户籍人口，也有非本地户籍的人口，其中包括在城市就业的所谓“农民工”，如果没有人的和谐，城市就谈不上生活更美好。

要打破户籍的藩篱，让为城市建设作出贡献的农民工兄弟以及创业的非本地户籍的人员，也能享有现代文明带来的成果，让他们的子女能平等地接受义务教育，这样可以提高国民的整体素质，为城市的发展提供优质的人力资源。

我们过去耽误的时间太多了，如今中国已融入世界经济大潮中，教育是经济发展的根基。如果教育不改革，法律规定“平等接受义务教育”的权利都得不到落实，就会在竞争中落后，落后就要挨打，中国等不起了。

创业选项是成功的第一步

作为草根一族的老板，我的创业经验教训在《成不了马云，做个小老板吧》和《老板常犯的错误》等文中已详细地展示给大家。目前大学的课程与社会需求相距很远，刚毕业大学生没有工作经历，自有资金很少，大学生创业成功的概率很小，就是成功其项目技术含量也不是很高。

常说十年磨一剑，经验的积累不是一朝一夕可以完成的，厚积才会薄发。现在市场竞争比以前更加激烈，不过细分市场的机会多多。

大学生有知识、有思想，只要调整好心态，积累一定的工作经验，成功的路会越走越宽。

创业时如果缺乏前期市场调研和论证，只是凭自己的兴趣和想象来决定投资方向，甚至仅凭一时心血来潮做决定，一定会碰得头破血流。选择熟悉的行业是成功的第一步，而选项最重要的一点：你优势在哪里？也就是亮点，哪怕是一个亮点。

大学生创业者在创业初期一定要做好市场调研，在了解市场的基础上创业。一般来说，大学生创业者资金实力较弱，选择启动资金不多、人手配备要求不高的项目，从小本经营做起比较适宜。

慎重选择餐饮服务行业

有同学说自己打算开奶茶店、风味小吃店，其理由是：我喜欢喝奶茶，家乡的风味小吃特别香。

奶茶店应选在人流量大的年轻人聚集区，不知几元一杯的奶茶是否能消化掉高昂的房租，你比初中毕业的店老板优势在哪？

家乡的风味小吃在别人看来是否好吃？去另一个城市开店是否水土不服？我

们很难看出你亮点在哪，你老家店小二成功的概率可能比你大。

一段时间，全国各地到处都有重庆火锅店，刚开始生意兴隆，随着时间推移，很多火锅店生意清淡，为了生存，火锅店同时经营南北风味。结果是重庆火锅没特色，南北风味四不像，很多重庆火锅店相继倒闭。

重庆火锅店不是一家连锁店，只是用重庆地名做招牌独立的餐饮店，由于品位参差不齐，原来经营好的火锅店也被不良信誉的火锅店拖垮。

小 肥 羊

内蒙古小肥羊餐饮连锁有限公司成立于1999年，公司以经营小肥羊特色火锅及特许经营为主业，兼营小肥羊调味品及专用肉制品的研发、加工及销售业。2008年6月小肥羊在香港上市，是中国内地首家在香港上市的品牌餐饮企业，被誉为“中华火锅第一股”。

“小肥羊火锅”将传统蘸着小料涮羊肉的食法，改变为“不蘸小料涮羊肉”的新食法。锅底料采用几十种上乘滋补调味品，羊肉精选来自纯天然、无污染的锡林郭勒大草原六月龄“乌珠穆沁羊”，形成了“肉品鲜嫩、香辣适口、回味悠长，久涮汤不淡、肉不老”具有浓厚的蒙古民族餐饮文化特色的小肥羊火锅品牌。

小肥羊成功在于标准化，食法创新，以及强大的品牌推广。其实，餐饮行业是最传统、最没有技术含量、竞争最激烈的行业。除夫妻店的小吃部外，一定规模的餐饮店年租金几十万、几百万元，装修费用百万、千万元，还有方方面面需搞得定的审批手续。

如果没有雄厚的资本及人脉关系，尽可能少碰餐饮、宾馆、娱乐等行业。

创意工作室是个途径

大部分企业都需要产品广告册，部分企业需要制作视频广告及工艺流程视频，各种展览会连续不断，企业网站建立和产品网络推广成为趋势，为大学生创业提供了广阔的市场。

平面设计、展览、服装、美术等专业大学生创业可以建立创意工作室，创业初期自己一个人做，待业务扩大后再招聘人员。

广 告 公 司

上海大学平面设计专业毕业的小葛，在本校创业园开办广告工作室，很多项目是本校业务。几年时间小葛工作室已有员工四人，为扩大业务，小葛成立了广告公司，并迁至高档写字楼。

小葛创业成功在于选择自己的专业，创业初期租用本校创业园租金便宜的一间办公室，利用学校的业务资源完成了原始积累，为以后公司的发展夯实了基础。

展览设计工作室

10 多年前，东华大学服装设计专业的小陈，毕业后在一邮购公司从事摄影创作，展示的商品有服装、百货、小商品，每半月出一期商品图册免费寄给客户，新上架的商品在公司网店及时刷新。

小陈在公司里业绩突出，业余时间还承接一些广告设计，几年下来有了积蓄，在上海虹桥地区买了一套房子，装修后作为展览设计工作室，由于以前建立的人脉关系和网上推广，小陈的业务红红火火。

小陈的创业成功也是在于选择从事了自己熟悉擅长的专业，先通过工作实践摸索，并积累了一定的人脉和资金，为以后公司的业务开展创造了良好的条件。

大学生创业能力特征认识的误区

近年来大学生创业渐成为热门话题，很多文章只是空洞的理论，甚至是误导，现对其中一些容易产生误区的观点进行分析。

这些文章认为，大学生要想有创业能力，必须把握核心能力的如下特征：

（1）价值优越性。核心能力应当有利于企业效率的提高，能够使企业在创造价值和降低成本方面比竞争对手更优秀。

评：开始忽悠。

（2）异质性。一个企业拥有的核心能力应是独一无二的，这是企业成功的关键因素。核心能力的异质性决定了企业之间的异质性和效率差异。

评：读几本书就会有核心能力吗？深奥的理论自己是否搞得清？

（3）不可仿制性。核心能力是在企业长期的生产经营活动过程中积累形成的，深深地印上了该企业特殊组成、特殊经历的烙印，其他企业难以复制。

评：具有不可仿制性概率很小，很难做到。你仿别人的东西，也不一定能仿好。

（4）不可交易性。核心能力与企业相伴而生，虽然可为人们感受到，但却无法像其他生产要素一样通过市场交易进行买卖。

评：除了美国的高端武器、高端技术不愿卖给中国，未发现还有什么不可交易的东西，大学生总不会去造美国的 F-35 攻击机吧！

（5）难以替代性。和其他企业资源相比，核心能力受到替代品的威胁相对较小。没有核心能力的创业不过是昙花一现。

评：巨无霸企业的新技术，不排除会被超越、被替代，小企业谈何容易？创业应选择大企业不愿干的，寻找市场的空隙。

关于创业、就业问题的座谈会

前段时间，我应邀去上海大学材料工程学院与毕业生就“关于创业、就业问题”进行座谈，大学生中有些同学已经创业，大部分同学面临着就业岗位的选择，同学们对此非常关注，我根据自己的分析情况做了简单回答。

读什么专业赚大钱

问：你们学材料工程专业后悔吗？

答：没有。

有人后悔了，大学机电一体化专业毕业的小俊，工作已 3 年，现在一家央企上班，工资 5000 元。小俊最近打算跳槽，说是一高中同学大学读的是计算机专业，现在年薪 20 多万元，小俊后悔当年未报计算机专业。

问：你们认为读什么专业最赚钱？

一女同学：英语专业，因为马云读的是英语专业。

马云曾经是中国首富，他所学专业与从事的行业关系不大，马云的成功在于综合能力强，紧紧抓住市场机遇。马云的成功只是特例，其实英语、计算机只是工具，而现在这两种专业就业难度很大。

国内很多大学没有一个院士，令人羡慕的是上海大学材料工程学院就有三名院士。马云的学历只是二本的杭州师范学院，创业时年近 40 岁，大学生年轻，其实路在自己脚下。

理想成为亿万富翁

问：你们想拥有百万、千万、亿万元财富吗？

一同学：自己想成为亿万富翁，只有目标定得高，更能够激励自己努力奋斗。

拿破仑有句名言："不想当元帅的士兵，不是好士兵。"拿破仑从一个普通士兵成长为一个伟大统帅，他的传奇人生激励着许多年轻人为实现自己的梦想而努力。

拿破仑是否说过此话无从考证，就算说过，在什么场合，是否在当元帅之后？如果拿破仑不是将从军当成事业，只是每天念100遍所谓"名言"，就不可能成为元帅，其实真正的将军和元帅是在战场的搏杀中幸存下来的。

创业首先要解决自己吃饭问题，遇到困难须沉着应对。只有将创业当事业去做，乐在其中，及时把握机遇，才有可能成为亿万富翁。

年薪50万元

问：5年后，你们期望年薪多少？

一同学：年薪应该50万元。

现在很多信息都是经过选择和加工的，真实的信息人们不愿关注。当同学们走出校园，刚入职薪水比不上农民工，5年后也比不上月嫂，这才是现实社会。

公务员、国企、外企、民企的一般岗位工资差不多，主管以上的岗位工资存在差异。

2015年上海职工月均工资5939元（不包括民企）；社保单位缴纳33%，个人缴纳10.5%；住房公积金单位缴纳7%，个人缴纳7%。按职工月工资6000元算，加上经济补偿金，单位年支出近11万元。除去个人缴金、个人所得税，职工实际到手月工资4660元，年收入近5.5万元。若按年薪50万元计算，单位年支出约74万元，加上办公、交通等其他成本，实际支出更多；而个人实际年收入为30万元。

作为创业者首先要面对用工成本，关心企业的利润有多少，能否养得起年薪50万元的员工。作为员工在要求高薪的同时，是否考虑自己能为企业创造多少价值。

何谓成功人士

所谓"成功人士"很难界定，可能最低标准是有车有房。工薪阶层若年薪超过10万元，多数有5年以上工作经历，主管以上级别。有车不难，30万元左右的中级车还算比较体面。在北京、上海、深圳的二室一厅房价，甚至超过400万元。如果没有父母的经济支持，年薪50万元的白领才勉强买得起住房。

我公司分部的几十个小老板只有初中文凭，如今有车有房，甚至有别墅，按此标准算是“成功人士”。他们能有今天是有“绿娃”的平台，有吃苦耐劳的精神，然而由于自身素质的制约，很难突破发展的瓶颈。

大家受过高等教育，又是工科专业，制造业是最能够发挥聪明才智的地方，只要大家能放下身段，脚踏实地去努力，将创业当事业去做，成功只是一步之遥。

大学生创业，这事不靠谱

最近估计是就业形势所迫，到处都在鼓励大学生创业。国家提出口号，数以万计的大学生激情高昂，大干快上，投入到创业大军。可是，我发现这事有点不对头，难道大学生都适合去创业吗？特别是看了前几期的《南方周末》，那个义乌工商学院的事情真是把我给“雷”住了，这事靠谱吗？

大家都明白创业不是一个短期行为，而是一个系统的长期过程，大家振臂一呼都去创业了，但是有没有考虑过自己能否坚持到底呢？

本人在大二有过一年创业经历，结果是投入10万元，最终赔掉5万元。当然不可能每个人都像我这么傻，会把结果搞这么烂，但是这一经历也真正告诉了我什么叫创业。

首先，不知道大家是否赞成一个观点：大学生创业成功的概率并不比未上过大学的人高；甚至很多企业家已经提出这样一个观点：大学培养不出企业家。也就是说你是否成为企业家，跟你有没有接受过高等教育没有必然的关系。

那么，现在社会上都在鼓励大学生创业就不免有些赶鸭子上架的意味。很多也许根本不适合创业的人头脑一热，响应号召，其结果不容乐观。

个人认为，创业的成功取决于创业者的个人性格与学习能力，也就是说成功的企业家很大程度上是“天生的”，是由其性格决定的。

创业本来就是一项高风险的挑战，结果是10人创业，成功1人，另外9人在苦苦挣扎。没有经历过失败和打击的企业家是没有的，甚至可以说失败是造就企业家的必要条件。我们不能活在成功者的神话中，我们要看到整个现状，看到无数的失败者。

因此，我不赞成多数大学生去创业，甚至建议部分大学生不要有创业的想法，打消老板梦。你们也许无法成为成功的企业家，但是你们可以成为成功的律师、工程师、教师、会计师、医生……

我认为真正适合创业的人在大学生中的比例不会超过10%，如果你认为你是这10%中的一员，那么你知道自己将要经受的挑战，做好足够的心理准备；如果你已经上路了，那么要坚持下来！下面几点可以稍微判断一下，你是否适合创业（仅供参考）：

（1）你是否愿意大学毕业后从摆地摊干起，并且坚持至少1年。

（2）你是否能在不断的挑战中得到快感。

（3）你是否经得住致命的打击。

另外就目前大学生就业难提出一个观点（参考美特斯邦威董事长周成建的观点）：如果你能够毕业后把自己看作农民工一样去就业，那么你一定没问题！

以上是我的个人观点，欢迎不含谩骂的批判。（转帖并作修改）

点评：

难得的一篇好文章，给盲目鼓励大学生创业的“砖家”当头一棒，是准备创业的大学生的清醒剂。

我不赞同在校大学生创业，如果大学生渴望创业，可以在校就做准备。少打游戏，多看文学、历史、哲学方面书籍，提升素质修养。只有良好的素质、良好的心态，才能够全面地看待事物，遇到问题才能沉着应对。

学校组织的实习活动与真正的企业、社会相差甚远，只是增加学分而已。大学生可以参加校内、社会活动，培养自己的交流能力。而这些都是创业的最为基本的素养或技能。

大学生创业途径认识的误区

大学生创业途径可以说五花八门，笔者仅就目前主要观点进行个人点评，或许点评片面，供大学生参考。

途径一：大学课堂、大学图书馆与大学社团。

创业者通过课堂学习能拥有过硬的专业知识，在创业过程中将受益无穷；大学图书馆通常能找到创业指导方面的报刊和图书，广泛阅读能增加对创业市场的认识；大学社团活动能锻炼各种综合能力，这是创业者积累经验必不可少的实践过程。

评：纸上谈兵的书呆子。

途径二：媒体资讯。

一是纸质媒体，人才类、经济类媒体是首要选择。例如比较专业的《21 世纪人才报》《21 世纪经济报道》《IT 经理人世界》。

二是网络媒体，管理类、人才类、专业创业类网站是必要选择。例如“中国营销传播网”“中华英才网”“中华创业网”等。此外，从各地创业中心、创新服务中心、大学生科技园、留学生创业园、科技信息中心、知名的民营企业的网站等都可以学到创业知识。

评：大学生读几本杂志就能创业挣大钱，难道马云的阿里巴巴、比尔·盖茨的微软，他们的成功是从书上抄来的？

途径三：与商界人士广泛交流。

商业活动无处不在。你可以在生活的周围，找有创业经验的亲朋好友交流。在他们那里，你将得到最直接的创业技巧与经验，更多的时候这比看书本的收获更多。你甚至还可以通过电子邮件和电话拜访你崇拜的商界人士，或咨询与你的创业项目有密切联系的商业团体，你的谦逊总能得到他们的支持。

评：你想与别人交流，别人有没有时间、愿不愿意和你交流是另外一回事。

途径四：曲线创业。

先就业再创业是时下很多学生的选择。毕业后，由于自己各方面阅历和经验都不够，能够到实体单位锻炼几年，积累了一定的知识和经验再创业也不迟。

先就业再创业的学生跳槽后，所从事的创业项目通常也是在过去的工作中密切接触的。而在准备创业的过程中，你可以利用与专业人士交流的机会获得更多的来自市场的创业知识。

评：比较现实可行。

途径五：创业实践。

真正的创业实践开始于创业意识萌发之时。大学生的创业实践是学习创业知识的最好途径。

间接的创业实践学习主要可借助学校举办的某些课程的角色性、情景性模拟参与来完成。例如积极参加校内外举办的各类大学生创业大赛、工业设计大赛等，对知名企业家成长经历、知名企业经营案例开展系统研究等也属间接学习范畴。

直接的创业实践学习主要可通过课余、假期在外的兼职打工、试办公司、试申请专利、试办著作权登记、试办商标申请等事项来完成；也可通过举办创意项目活动、创建电子商务网站、谋划书刊出版事宜等多种方式来完成。

评：只是假的创业实践。

途径六：校园代理。

大学生由于经验、能力、资本等方面都存在不足，直接创业存在很大困难，既不现实，成功率也很低，而校园代理对经验、资金等方面一般没有太高要求，可以利用课余时间代理校园畅销产品，积累市场经验，锻炼创业能力。做校园代理没有成败之分，对于大学生来说多多益善，如果做得较好，还可以积累一定的资金。总之，通过校园代理可以为毕业后的创业之路准备必要的物质和精神条件。

总之，创业知识广泛存在于大学生的学习、生活的视野之中，只要善于学习，总能找到施展才华的途径，但在信息泛滥的社会里，“去粗取精，去伪存真”也是很重要的。善于学习和总结永远是赢者的座右铭。

评：一个小男孩请教另一个小男孩的育儿经。

大学生创业的优势和弊端

大学生创业主要是在校大学生和大学毕业生群体组成，近年来大学生创业问题越来越受社会的关注，因为他们经过多年的教育以及背负着社会的种种期望。在社会经济繁荣发展的同时，大学生创业也成为大学生就业之外的新兴的现象。

评：诱导在校大学生和大学毕业生创业是误人子弟，大学高昂的费用已将家长压趴下，不要再忽悠家长干瘪的腰包。

优势：

（1）大学生往往对未来充满希望，他们有着年轻的血液、蓬勃的朝气，以及“初生牛犊不怕虎”的精神，而这些都是一个创业者应该具备的素质。

评：“初生牛犊不怕虎”，难道老虎不吃大学生？

（2）大学生在学校里学到了很多理论性的东西，有着较高层次的技术优势，而目前最有前途的事业就是开办高科技企业。技术的重要性是不言而喻的，大学生创业从一开始就必定会走向高科技、高技术含量的领域，“用智力换资本”是大学生创业的特色和必然之路。一些风险投资家往往就因为看中了大学生所掌握的先进技术，而愿意对其创业计划进行资助。

评：大学生连市场都搞不清，开办高科技企业只是闭门造车，难道风险投资家都是傻瓜，将钱投给你烧。

（3）现代大学生有创新精神，有对传统观念和传统行业挑战的信心和欲望，而这种创新精神也往往是造就大学生创业的动力源泉，成为成功创业的精神根基。

评：创新是针对旧的观念、行业而言，连旧的都搞不清，谈何创新？

（4）大学生创业的最大好处在于能提高自己的能力、增长经验，以及学以致用；最大的诱人之处是通过成功创业，可以实现自己的理想，证明自己的价值。

评：如果创业不成功，难道必成仁？

弊端：

（1）由于大学生社会经验不足，常常盲目乐观，没有充足的心理准备。对于创业中的挫折和失败，许多创业者感到十分痛苦茫然，甚至沮丧消沉。大家以前创业，看到的都是成功的例子，心态自然都是理想主义的。其实，成功的背后还有更多的失败。看到成功，也看到失败，这才是真正的市场，也只有这样，才能使年轻的创业者变得更加理智。

评：既然大学生社会经验不足，成功概率很小，为什么还忽悠他们去创业，你愿意为他们买单吗？

（2）急于求成、缺乏市场意识及商业管理经验，是影响大学生成功创业的重要因素。大学生虽然掌握了一定的书本知识，但终究缺乏必要的实践能力和经营管理经验。此外，由于大学生对市场营销等缺乏足够的认识，很难一下子胜任企业经理人的角色。

评：培养一名技术人员可能只要3~5年，培养一名企业经理人可能超过10年以上。

（3）大学生对创业的理解还停留在仅有一个美妙想法与概念上。在大学生提交的相当一部分创业计划书中，许多人还试图用一个自认为很新奇的创意来吸引投资。这样的事以前在国外确实有过，但在今天这已经是几乎不可能的了。现在的投资人看重的是你的创业计划真正的技术含量有多高，在多大程度上是不可复制的，以及市场赢利的潜力有多大。而对于这些，你必须有一整套细致周密的可行性论证与实施计划，决不是仅凭三言两语的一个主意就能让人家掏钱的。

评：一个小男孩能写出实用的育儿经，简直天方夜谭！

（4）大学生的市场观念较为淡薄，不少大学生很乐于向投资人大谈自己的技术如何领先与独特，却很少涉及这些技术或产品究竟会有多大的市场空间。就算谈到市场的话题，他们也多半只会计划花钱做做广告而已，而对于诸如目标市场定位与营销手段组合这些重要方面，则全然没有概念。其实，真正能引起投资人兴趣的并不一定是那些先进得不得了的东西，相反，那些技术含量一般但却能切中市场需求的产品或服务，常常会得到投资人的青睐。同时，创业者应该有非常明确的市场营销计划，能强有力地证明赢利的可能性。

评：要想知道梨子的滋味，你必须亲口尝一尝，这就是市场。既然创业，为什么总想得到投资人青睐，要知道你自己就是投资人，必须承担其风险。

创业融资的误区

很多人对融资理想化，认为一份计划书就可以引进千万、亿万元的风投基金，一旦运作成功上市，就成为马云第二。

自筹基金

据统计创业的启动基金：个人自有占60%以上，父母亲戚占30%左右，不足部分向朋友筹资。

创业存在着风险，经营初期无法形成利润，还需要不断投入，你的工资不知道在哪，更谈不上利润，短时间不可能偿还借款。只有你自己和父母能够风雨同舟。

当你选择创业，就必须为其结果负责，必须为失败设置上限。不能将父母的养命钱和朋友的借款输光。炒股票可以割肉平仓，做企业与炒股票不同，一旦放弃，所有的投入都将打水漂，设备、材料只能按废品重量计价。

风投基金

上市企业都有风投的影子，阿里巴巴上市后，软银孙正义因投资阿里巴巴一跃成为位列世界前十名的富豪。于是乎很多人不愿脚踏实地做实业，将很多精力放在找风投基金上。

阿里巴巴创业初期，只是在杭州的一所公寓里，马云团队不辞辛劳找客户，免费做网上大黄页。马云在短时间内能融资2500万美元，不仅在于马云的口才、公关能力，还在于阿里巴巴独特的经营模式及马云团队的敬业精神。

大多数初创企业要立足自筹资金，若坐等风投基金犹如守株待兔，坐失良机。风投不是免费的午餐，如果你的企业没有一定规模，前景看不透，风投就不会光顾。

当企业有了一定规模，为扩大市场份额，需要扩建、改建生产线，可以考虑上市融资，但要搞清楚融资的目的是什么；如果上市不成，付出的代价是否能承受得起。

深圳某防水材料公司

深圳某防水材料公司是中国最大的防水材料公司之一，拥有国际先进的生产线，产品品质优良。虽然年产值只有7亿元，而净利润竟达到3亿元。

老总拥有公司50%以上的股份，现金流很充裕。一旦公司上市其经营情况必须透明，老总非常不情愿上市，问题是小股东希望上市尽快套现。

公司拿出5000万元由保荐公司辅导，对前3年财务报表加以重新整理，补交上亿元的税款。虽然公司现金充裕，但按上市公司条例企业应有风投基金参股，于是又找风投公司注资3亿元，计划3年内上市，若不能如期上市，将退还风投公司本金，并付年利息30%。其实很多风投公司是贪婪、无风险的公司。

经过几年的努力，材料报到中国证监会，专家讨论时有人递交工厂污染的举报信，其实工厂生产完全达到环保标准，不排除竞争对手背后使绊子，结果是专家怕承担责任，企业上市就此搁浅。

中国上市的巨无霸企业很多，多数是“内战内行，外战外行”，只有深圳华为孤身在世界各地攻城略地。华为虽然不是上市公司，但其创新能力、运营机制成为世界通信设备技术的领导者。其实融资上市并不是所有企业最好的选择，毕竟中国上市企业只有区区几千家，脚踏实地才是企业的必由之路。

银行融资

初创企业由于没有财产抵押，银行不可能给予贷款，很多人将希望寄托于政府的创业扶助政策。政府鼓励创业只是宣传引导，减免几百元的办证费用只是杯水车薪，若想得到几万元的低息贷款，手续审批流程复杂，不知最终能否贷到。贷款到期必须及时偿还，否则将承担信用及法律上的风险。

当企业做到一定规模时，如果资金周转需要可以财产抵押或信用贷款。贷款应合理规划，短期贷款不能用于投入周期长的项目，否则还款期限一到，固定资产无法变现，只有将生产流动资金还贷，造成资金链断裂使企业面临倒闭的危机。

城镇化沧桑

中国改革开放30年，城乡的变化像是一部穿越剧，数亿计的流动大军改变了中国的社会，冲击着人们的思想观念。

经济的高速发展，城镇化建设的加快，房市是反映经济冷热的晴雨表，房市影响着众多产业。

有房子就有了遮风挡雨的家，有房子就有了打拼世界依靠的避风港，所以安居才有乐业。

冰火二重天的中国楼市

2015年以来，三、四线城市楼市进入严冬，房价甚至腰斩；二线城市楼市平稳；一线的北京、上海、广州、深圳楼市火爆，量价齐升；2015年深圳房价更是升幅高达近50%。为了遏制房价快速上涨，2016年，上海、深圳、北京相继出台更严厉的限购政策。

5年前，我在《房价漩涡中的开发商》一文中写道："2009年下半年房价暴涨，国企、上市公司纷纷拿地圈地，地王频频出现，房地产开发周期一般为3~5年。如果高价土地达不到遏制，2012年以后天价地的房源上市，中国将进入天价房时代。

房地产行业涉及多个产业，相关从业人员近亿，开发商70%~80%的资金来自银行贷款，一旦房价出现暴涨或暴跌，对中国经济和社会稳定的伤害可能是灾难性的。"

没想到我的担心竟如期到来，三、四线城市楼市已经处于崩盘的边缘，目前二线城市似乎还较平稳，但潜在的危机可能在两年内爆发。一线城市楼市一枝独秀，房价甚至突破5万、7万元。如果一线城市楼市崩盘，对中国经济将是灭顶之灾，中国经济可能会倒退10年。

2015年12月的中央经济工作会议，将化解房地产库存作为2016年经济工作重点之一，可想而知中国房地产形势严峻。

央视经济栏目连续报道三、四线城市房地产库存情况，江苏省江阴市多次荣登"中国经济百强县"第一名，江阴市上市企业数量与河北省相近，没想到短短一年房价由每平方米近万元跌至4800元。

内地的很多三、四线城市，以农业经济为主，工业基础差，人口为净流出城市。购房者主要是县以下村镇农民为子女购买的婚房，资金来源主要是父母种地、打工积蓄和亲友的借款，购买力有限。当地的公务员，电力、银行等垄断企业员工在本地已有住房，若再购房会选择省会、中心城市。

经济发达的三、四线城市，工业、贸易的发展，吸引了大量的资金和人口流入，带来了房地产市场火爆。由于近两年经济下行，很多工厂陷入困境或倒闭，具备购房条件的老板、高管，由于对未来的不确定性导致购房欲望不强。

省会、中心城市等二线城市到处是大工地，房地产库存量很大。由于经济快速发展，下属县市资金、人口的流入，带动房地产市场繁荣。目前房地产市场表面上平稳，但随着经济的下行、房价的高企，购买力会进一步下降。原在三、四线城市开发的房地产企业纷纷进入二线城市，土地价格暴涨，加剧房地产库存压力，危机可能在两年左右爆发。

一线城市是中国最发达的地区，全国的资金、人口大量流入，带动房地产市场繁荣。由于土地供应量负增长，地王频频出现，导致房价甚至突破 5 万、7 万元，一套普通住宅甚至高达千万元，为数不多的高端人群不可能永远支撑天价的楼市。如果不适当增加土地供应量，天价房将持续，造成购买力下降，对房地产市场伤害巨大，并传递到其他经济领域。

为化解房地产库存压力，很多地方政府出台购房补贴、送户口等政策，然而经济不发展，资金、人口就不可能流入，指望农民工购房只是天方夜谭。

房地产库存的源头是地方政府的土地财政，很多城市土地收入占财政收入的60%以上，在任的市长总希望多卖地，有钱就可以大拆大建，这样 GDP 上去了，政绩也随之“上”去了。有些城市将 6 年、10 年的地都卖了，房地产去库存只能留给下任市长去做。而一线城市经济发达，土地收入占财政收入低于 40%，所以用不着多卖地，相反却减少土地供应量，造成土地价格暴涨，推高楼市价格。

为保证房地产市场健康发展，化解房地产库存压力，防范新增房地产库存，避免一线城市房价上涨过快，特建议如下：

三、四线城市应停止或减少新批土地，消化现有存量房，问题是市长愿不愿意过苦日子、紧日子。

二线城市在房地产库存问题还没有严重时，应尽快减少新批土地，在建楼盘合理安排上市，保证供应量及房价的平稳。

一线城市已建的楼盘应尽快上市，不得捂盘惜售。适当增加土地供应量，避免土地价格上涨过快，从而保证房价的平稳。

福利分房的终结

在中国，亿万人关注的焦点可能是股市和房市。

在股市，股民经过股评家指点，可以在天上腾云驾雾，可以在水里驰骋遨游，真是神了。金岩石先生说："股评家是神，不仅能预测股票走势，还能画出K线图。"于是股民随着K线起伏，在"上上下下"地享受。

在房市，神还没来得及涉足，只见房评家与所谓地产剑客牛刀在装神弄鬼，还有房市里的蛟龙在兴风作浪，房价是一个劲地上窜，百姓承受着房价上涨之痛。

我作为百姓，既不是神，也缺乏牛刀的力度，只能是家庭主妇的一把菜刀，然而，我们都是中国房市的见证者。

1949年至2002年，福利分房在中国已持续了50多个年头。记得20世纪80年代，在某省城南门一个新建的住宅小区，开发商是当时中国唯一的国营房地产开发商——中房公司。当时，个人购买商品房的房价为每平方米100元，一次性付款房价为每平方米80元，结果房子卖不动。中国科技大学杨教授升任副省长后带头购入面积60平方米、总价4800元的商品房，当时报刊大力宣传杨副省长的爱国行为。当时杨教授工资为300元，而市民的工资只有40~50元，一套几千元的房子对他们感觉是天价，另外还老想着福利房的好事，那时商品房在中国只是"水中月镜中花"——美丽而不可及。

我当时所在的公司是上万人的国企，平均每年竣工的十几套职工住宅都成为关系房和后门房。公司领导是位老干部，自己已有住房，还要为子女搞房子，真不知当年为建立新中国而倒在战场上的战友在九泉之下做何感想。好在我们是建筑公司，于是工地上的工棚成为许多"小鸳鸯"的家。

中国在1998年取消了福利分房，然而，新旧体制交替中，存在着福利和半福利分房情况。一直到了2002年，福利分房才真正终结，中国进入了住房市场

筒子楼

化的时代。

在福利分房制度下，住房供给严重不足，只有少数有权势的单位情况好些，一般单位只有领导能够享受到住房，百姓可能要等上20年。

当时很多人都是一家几代人蜗居一室，集体宿舍走道是厨房及蜂窝煤储藏间，为了生存，人们承受着烟熏火燎，无暇顾及什么“减排与环保”。

有一位上海静安区的朋友，一家三口人住在里弄8平方米的木板房子里，那摇摇欲坠的木楼梯，走上去真害怕会摔掉大牙；那雕龙画凤的马桶，想想都恶心，真不知道大都市市民是如何生活下去的。后来房屋拆迁，他家在龙柏新村分得两套住房，从此进入小康社会。

当得知2002年福利分房终结时，商品房被席卷一空，开发商赚足了第一桶金。上海五角场的茶园小区房屋售价为每平方米3200元，竣工几年无人问津，房改消息出来后几天工夫房屋被单位抢购一空。

上海某处级金融公司的几位领导，在陆家嘴地区分得130平方米的产权房，个人缴款4万元，公司提供补助4.5万元装修费，现在房屋价值千万元。

1998年的房改是中国人的一大幸事，庆幸人们还没有认识到房屋的价值，庆幸一夜造不出那么多房子，庆幸天价的汤臣一品还没有问世。

上海汤臣一品

1998年上海全市每平方米房价在2500元左右，浦东的花木地区，也就是现在的浦东新区政府和世纪公园的所在地，当时的每平方米房价只有1800元，现在每平方米房价达到5万元以上。房改前，为鼓励个人购房，上海出台了购房送蓝印户口的政策。2002年，福利分房寿终正寝，住房按揭贷款政策出台，让很多人开始圆住房梦，随即上海取消购房送蓝印户口的政策，房价开始进入了上涨通道。

住房制度的改革，首先改变了中国人的住房观念。十多年来，人们的住房条件大为改善，同时改变了城市的面貌，加快了城市化进程。

住房制度的改革，让住房成为真正的商品，使房地产业得到快速发展。而房地产涉及众多产业，是国民经济的支柱，人们直接或间接享受着房地产发展带来的成果。房地产业作为中国经济的引擎，成功抵御了 1998 年的亚洲金融风暴，今天又在全球经济危机中一枝独秀。

在房价高企的今天，我们可能会大骂开发商的黑心，大骂炒房客的贪婪，然而我们不会留恋住工棚、住筒子楼、几代人蜗居一室的福利分房时代。

福利分房时代，多少人还处于“蜗居”状态，福利分房的终结，房地产业得以真正走向市场，2002 年房价出现井喷上涨，当然是意料之中。

流动大军潮

1952年至1978年，中国城市化水平由12.5%上升到18%，近30年的时间仅增长5.5%。改革开放使中国的城市化水平得到快速发展，2015年，中国城市化已达到58%，30多年增长了40%。

20世纪80年代，珠江三角洲地区是中国改革开放的前沿，毗邻港澳，面向东南亚，仅广东省的海外华侨就达到2000万人。独特的地理位置和人脉关系，加上特殊的政策，成就了珠三角及广东经济的辉煌。

珠三角像一个巨大的磁石，吸引着全国及世界的资金、人才，形成了蔚为壮观的“孔雀东南飞”现象。深圳这个地图上找不到的小渔村，几年时间变成了一座现代化的城市。珠三角的建筑工地和工厂的流水线上，汇集着来自全国各地的打工仔、打工妹，从此诞生了中国的农民工。所谓的农民工即户籍在农村，干活在城市，梦里想做城里人。从此农民工与中国的城市化、城市的社会现象紧密相连。

20世纪90年代，开发开放浦东让上海及长江三角洲这条经济巨龙苏醒，中国经济真正进入了腾飞的时代。

快速的城市化为农民工创造了大量的就业机会，大山里、黄土地上微薄的收入留不住他们的脚步。春天，亿万计农民工潮水般涌向城市；春节，亿万农民工又潮水般回流农村，被称之为中国的“民工潮”。

“铁老大”笑得合不拢嘴，买票难、乘车难，车厢里人满为患，厕所里还蹲着几个人，上厕所只能“轮蹲”。“铁老大”心也是“铁”的，没有去改善服务，而是高举涨价的大斧砍向农民工兄弟。

每年春运，安徽、河南、四川等农民工输出大省，成为民工潮的源头。中国民工潮是史无前例的，也是最为悲壮的。

最让国人刻骨铭心的是2008年春运。广东韶关、湖南郴州普降大雪，京广铁路线多处断电，列车无法运行，导致京广线出现大量延误，南北铁路动脉一度瘫痪。在京广线南端的广州火车站，滞留的旅客有近 100 万人。京珠高速公路的广东韶关与湖南郴州段被冰雪覆盖，造成南北公路交通大动脉中断，更有数十万民众在雨雪交加的返乡沿线挨冻。

当温家宝总理来到广州火车站，动情地对大家说："我来看望大家，你们吃苦了，你们是用命来赌回家的路。"总理指示有关部门尽快修通道路，让农民工早日回家过年。

2016 年春运，全国共运送旅客 28 亿人次，相当于 13 亿中国人人均旅行超过两次，可喜的是现在有了快速便捷的高铁，只是价格有点贵。解决民工潮的关键是推动城乡经济共同发展，缩小地区经济差距，要善待农民工，为农民工融入城市创造宽松的环境。

潮起潮落，留下了农民工的精英。他们没有城里人的户籍，付出比城里人多得多的辛劳，子女上学交赞助费，他们无怨无悔，拥有住房是他们融入城市的梦想。

2009 年 12 月 16 日，美国《时代杂志》将农民工占主体的"中国工人"选为 2009 年度第二"年度人物"。"中国工人"因《时代周刊》而成为世界流行的名词，它使人们在关注中国制造、中国产品对世界贡献的同时，也关注其背后一个庞大社会群体的成长，以及中国在公民社会的进步。

《时代周刊》封面"中国工人"

流动大军不仅仅包括农民工，还有"孔雀东南飞"的大学生，从小城市去大城市发展的人，想在城里淘金的人。他们的经济实力相对较强（不少是父母赞助），素质较高，住房是他们扎根城市的首选。城里人有老住房，一间房子里可能挂上 10 个户口，一旦拆迁，可能分到几套房子。

在城市，社会保障体系健全，困难人员可以享受低保，收入低的城市户籍人员可以申请购买经济适用房。流动大军不会在福利上存在幻想，但他们对住房的欲望可以说是迫不及待。

人们大骂房价上涨的推手，请包容这些生存不易的流动大军，房价上涨抬高了他们留在城市的门槛，房价上涨对他们的伤害最大。有一句话很值得回味："如果你不想被 shanghai（伤害），请来 Shanghai（上海）；如果你想被 shanghai（伤害），也请来 Shanghai（上海）。"

流动大军进城，他们对住房充满着渴望，在推动房价上涨的同时，也承受着房价上涨之痛。

人们不会忘记农民工占主体的"中国工人"为中国城市化建设付出的辛劳，不会忘记"中国工人"为城市的现代化所作的贡献。

投资炒房与“腐败房”现象

住房与一般商品不同，它既能满足人们的消费需求，又能满足人们的投资需求。究其本质，应该是满足人们的居住需求。但是高昂的房价，可能会耗尽家庭中几代人的积蓄；而住房的生产过程，消耗大量的资源，对环境造成很大影响。因此，它又是一种要花费高昂代价才能获取的商品。

不同的收入阶层有不同的住房需求，住房应物尽其用才是最经济、最合理的。人们对炒房现象恨之入骨，然而对住房投资、保值现象漠然处之，甚至羡慕，加之隐蔽的“腐败房”，其实后两者对社会及环境造成的伤害更大，因为投资炒房与“腐败房”在不同程度上造成了社会资源的闲置与浪费。

温州人的勤奋、吃苦、抱团造就了一大批民营老板，温州模式为浙江、为中国民营经济的发展做出了榜样。然而，温州炒房团在中国也是家喻户晓，只是其形象似乎是充满着丑恶与贪婪。

我们应该用客观的心态去看温州炒房团，温州人的聪明之处在于看准了住房的升值空间，当有人接盘时，一般是炒一把就走，不会将资金长期占用。客观地讲，炒房只是抬高少数楼盘的房价，炒房也不仅仅是温州炒房团所为。温州炒房团基本上是由闲来无事的老板娘组成，她们不可能撬动整个中国房地产市场，如果有这能耐，奥巴马总统早就跑到温州去请这些老板娘来解决美国的住房次贷危机了。

山西炒房团，准确地说应该叫做山西购房团。当他们扫荡北京房地产市场时，人们的心态很平静，甚至有点感激。煤老板将房子全部吃进，没有转手高价倒卖，好像是为首都建设作贡献。

曾几何时，山西晋商票号创造了中国的金融业，晋商富可敌国。昔日晋商走向衰落的原因，可能是为了光宗耀祖，将流动资金修建城堡，修建乔家大院，为后人留下的财富成为世界文化遗产——平遥古城。

今日山西煤老板牢记祖宗教诲：吃的是猪狗食，住的是金銮殿。他们想着经过若干年，再为后人留下什么世界文化遗产。据说有一位山西煤老板一次购买十几套房子，豪华装修后一直空着，有人问他“为何不租”，他回答说：“我自己都舍不得住，怎么可能出租给别人住?”从资源利用上看，山西购房团还不如温州太太炒房团。

当人们预期会通货膨胀而房价持续走高时，出现了一些投资性购房，这种购房多用于保值、升值或者以后留给子女。这种投资行为无可非议，但是从客观上分析，投资性购房预支或浪费了社会资源。不过中国百姓的收入水平不高，房价居高不下，能够投资第二套住房的人不多，企业老板也不会抽出生产资金去购房去保值增值，投资性购房推动房价上涨的力度有限。

抑制房地产投资、炒房行为，首先是保持房价平稳，同时用税收方式进行调控。

权势阶层的购房，腐败官员的贿赂，由于隐蔽性强，难以发现，这些非正常性购房对房价上涨起到推波助澜的作用。

权势阶层很多人不满足小县城、小城市，考虑自己及子女以后发展的可能(这种可能很多是随意的)，热衷去北京、上海等大城市购房，占用大量的社会资源，推动房价的上涨。

以前腐败官员受贿十万八万元就能满足，如今连腐败也“与时俱进”了，房子也进入了受贿名录。

2009 年 8 月，42 岁的上海外高桥保税区管委会规划处原处长陶建国因受贿罪受审。据悉，陶在职期间接受开发商贿赂共 29 套房产，陶且将这 28 套房产悉数出租。

近年来，不断出现“房姐”“房叔”“房嫂”，2016 年被起诉的原云南省第一人民医院院长王天朝涉嫌受贿 1.3 亿元，收受房产 100 套、车位 100 个，被称为“双百”院长。

金屋藏娇以前只是在书上见到，如今是“贪官+金丝鸟”，“金屋”当然是装修豪华的高级住宅，“娇”当然是一个“金屋”藏一个。

外国的总统、高管上任和离任须进行财产公示，如果中国的公务员、国企官员能将财产公示，腐败官员的受贿款就不可能进入房市，陶处长就不可能受贿 29 套房子，王院长也很难成为“双百”院长。

投资性住房、炒房助推了房价的上涨，而腐败官员不仅推高了房价，同时也败坏了我们的党风。

“386199 部队”

1979 年，农村土地承包制拉开了中国改革开放的序幕，中国改革从此走上了一条“农村包围城市”的道路。当时，中国城市化水平只有 18%，10 亿中国人中农民超过 8 亿人。

20 世纪 80 年代，农业生产力的提高，城市化进程的加快，农村青壮年作为富余劳动力离开黄土地来到城市打工，留下“38”（妇女）“61”（儿童）“99”（老人）三大兵团，统称为“386199 部队”。

黄土地里，老牛后面跟着的是妇女和老人，大瓦房里住着老人和孤儿寡母。到了春节，亿万计农民工返乡，沉寂的乡村又恢复生气。春节过后，亿万计农民工又潮水般涌向城市。

90 年代，青壮年妇女也离开黄土地来到城市打工，留下“61”“99”二大兵团，番号为“6199 部队”。

黄土地里，老牛后面只有老人，楼房里住着老人和儿童（也称留守儿童）。到了春节，亿万计农民工回乡，沉寂的乡村又恢复生气。春节过后，亿万计农民工又潮水般涌向城市。

2000 年后，一部分儿童也离开黄土地随父母来到城市，破旧的民工子弟学校伴随着他们的金色童年。连 50 岁左右的妇女也在城里做月嫂，做钟点工，只留下衰弱的“第 99 兵团”，当年彭丽媛歌唱的那个“希望的田野”已溃不成军。

黄土地里只有老人的身影，房子里住着称为空巢的孤独老人和少量留守儿童。到了春节，回乡的人越来越少。

记得小时候，在巢湖之滨的陆家庄有几十号人，村边有一湾塘，村前有一条小河，村子后面有一座名叫驷马的小山，听大人给我们讲过无数遍的传说故事：很久以前在驷马山上有一个下雨不存水的旱马池，还有一个不管天怎么旱都有水的水马池，当年曹操还在此屯过兵。

陆家庄湾塘

春天，山上、地里到处开满野花，大人在田间耕作，孩子在树上玩耍，大白鹅在池塘里翻着跟头。过年了，大人用拖网在湾塘里捕鱼，这些欢蹦乱跳的鱼儿，成了大家的年货。如今的陆家庄，河水还在静静地流，光秃秃的山默默地立着，湾塘边长满了荒草，再也听不到那美丽的传说，偌大的村庄只有陆老三岳父母看着门。

年复一年，农村的变化不知是喜还是忧。在农村，山还是那个山，水还是那个水，人气已不是那个人气。当听了台湾歌手许美静《城里的月光》这首歌，我似乎明白些什么，农民走出黄土地，是城里的月光把他们的梦照亮，温暖着他们的心房。

别墅，人们理解为占地面积大，独立或联体的大房子，如果有小水沟就被冠名为“水景豪华别墅”，若再有远在天边的小山就会被贴上“水景豪华别墅山庄”的标签，这样的房子就可以卖个天价。其实真正的田园生活，真正的别墅在乡村。

城市化的进程，大量土地被转化为房地产。所谓的“专家”忧心农田被占，城市土地资源会枯竭，导致房价上涨。不知他们是忧国忧民，还是恨房价不够高。

美国2%的农业人口，养活了全美3亿多国民，农民党还要求政府把多余的农产品卖到国外。如果中国农业人口低于20%，大量的宅基地会转化为良田，耕地会形成集约化经营格局，还愁没有土地，还愁没有粮食？

上海市中心城区不足一个县的面积容纳了1000多万的人口，还有外滩、南京路让中国和世界人民共享。杨浦区中原小区不到一个小镇的面积聚集着40万人口。在城市里，一幢高楼能装下一个村庄的人，一个住宅小区可以装下一个小县的人口，城市化最大程度地节约了土地。

农村人口的转移，为城市的可持续发展增加了土地储备。如果有人担心上海城市土地资源枯竭，那么将江苏、浙江两省划归上海，若再不行，可将华东五省划归上海。

北京、上海、广州有大量的城中村，其中广州的城中村盖满了“握手楼”（违章建筑），农民工、小商贩聚集在城中村，破旧的房屋是他们的家，以前他们经常被称作盲流遭遣返，现在要凭暂住证或居住证才能安心地落脚。

2003 年，来广州打工的 27 岁大学生孙志刚在广州大街上行走时，遭收容后死亡，引起了社会的关注和中央领导的重视，从此农民工的境遇才改变，暂住证也取消了收费。现在，他们最担心的是村庄被开发或作为违章建筑遭拆除，那可是他们的存身之处。

农村人口的转移，对城市房价影响有限，同时为城市的可持续发展增加了土地储备。他们抛家弃园，栖身陋室，为城市发展作出了巨大贡献，请善待我们的农民工兄弟吧。

高高的“城墙”

一百多年前的曾经的小渔村已成为国际大都市，上海被称为移民城市，多年以来上海承载着无数人创业、淘金的梦想，上海值得自豪的正是她那海纳百川的胸怀。

人们往往以为老板开着宝马奔驰，前呼后拥，身边还有个“小蜜”，那只是在电影电视里的。很多老板每天只睡几个小时，没有时间灯红酒绿，不少小老板每天还在为生计而奔波。

建材一条街上有做门窗的江西老板，有售瓷砖的福建老板，有卖马桶的广东老板。有一天，我去买建材，与老板说话时动静可能稍大，一位老太太从阁楼上伸出头来，看到她那满头白发和饱经风霜的脸，我似乎看到了养育我成长的母亲，我的心很沉重，付完钱拿着东西快步地走开了。

小有成就的老板开始圆购房梦，更多的人还在为生计奔波。深深祝福这些老板早日能有一个家，像我母亲一样的老太太从此不再住阁楼。

上海作为中国的经济中心，吸引了大批的内地企业和海外企业，希望集团、德力西集团等许多中国民企巨头将总部迁入上海，可口可乐、通用电气等100多家国外巨头也将总部或地区总部迁入上海。总部经济的资金、人才为上海发展注入了新的活力。只是上海是否还有海纳百川的胸怀，是否心里会惦记“乡屋人、洋鬼子进城了”。

户籍联系着上学、医疗、社保等，改革开放30年，唯一不变的户籍制度像阴魂一样将人群分割成三、六、九等。户籍、房价是压在外地人头上难以跨越的“大山”。

偌大的上海，首批仅区区几十人转为上海户籍，媒体大吹特吹，真的是很悲哀。现在重点大学硕士毕业进沪也很难取得上海户籍，假如诺贝尔奖获得者大物理学家杨振宁和美国微软总裁比尔·盖茨想入户上海肯定没门——杨振宁已超过

80 岁，比尔·盖茨连大学本科都没毕业。

如今世界经济呈现出两大趋势：经济全球化和中国城镇化。美国出现经济危机，全世界都陷入衰退。而中国在 20 年左右时间将 3 亿农业人口城镇化，这是中国也是世界的奇迹。

经济危机并没有动摇美国的根基，美国拥有全球 70%的高级人才，拥有全球500 强中 70%的企业。上海要实现可持续发展，人才是关键，但上海户籍又是留住人才的关键。

上海户籍背后是上学、医疗、社保等福利，享受廉租房、经济适用房的对象是上海户籍。在城市干最苦的活儿，为城市建设贡献青春的第一代农民工、小老板，以后将告别城市回乡下养老，没有多想自己的权益。

民工子弟学校

“农二代”随父母生活在城市，家乡已淡忘，他们上民工子弟学校，若上公立学校需办齐“八大证”或交赞助费，即使这样也只能上到初中毕业。

“农二代”教育程度高于他们父母，他们有思想，在同一个蓝天下，为什么上学、就业、社保等存在歧视、不公等现象？他们在困惑、在反思。现在，城市里犯罪趋向于低龄化，“农二代”占较大比例，如果不正确加以引导，社会对他们缺少关心和帮助，“农二代”可能对城市社会产生消极的影响。

小老板的崛起，国内、国外企业总部或地区总部的迁入，对城市房价上涨有一定的影响，城市要实现可持续发展，人才战略、总部经济战略首先是留住人，不要人为筑起户籍、房价高高的城墙。

“农二代”能吃苦、任劳任怨、抗压能力强，也有一定文化，政府和社会应在技能培训、住房等方面重视和关心“农二代”，使之成为城市发展急需的劳动力资源，若处理不好将会造成严重的社会问题。

“丈母娘经济”

“80后”“90后”很多人已到了谈婚论嫁的年龄，要想结婚，关键人物是女友的母亲，男方称之为丈母娘，围绕这个关键人物的经济活动，我们称之为“丈母娘经济”。

草莓是漂亮、娇贵的水果，不能磕碰，一碰就坏。于是有人给抗压能力差的“80后”“90后”职场新人冠上“草莓一族”的称号。不管他们有什么缺点，人们对他们有何种看法，他们年轻、有知识，世界最终是属于他们的，在这里我们就称他们为新生代吧。

中国经济的快速增长，人们工作生活节奏的加快，新生代承受的压力更大。中国房改10多年，房价一路高歌猛进，新生代正处于高房价时代。

看了网上谈起“50后”和“80后”的无奈，特摘录关于房子和结婚的片段如下：

“80后”的无奈：
当我们不能挣钱的时候，房子是分配的；
当我们能挣钱的时候，却发现房子已经买不起；
当我们未出生或刚出生的时候，骑单车就能娶回媳妇；
当我们到了结婚年龄的时候，没有洋房、汽车娶不了媳妇。
“50后”的无奈：
当我们谈恋爱的时候，还只能靠介绍；
当我们结婚的时候，只能住集体宿舍；
当我们老了享享福的时候，碰到了啃老的“80后”。

网上所说“50后”和“80后”的无奈，有没有道理要看从什么角度去分析。“50 后”处在中国经济落后、人民生活水平很低的年代，结婚住集体宿舍，用一片布帘遮挡，福利分房成为“领导房”“关系房”，想住带厨卫的房子可能要等上 20 年。结婚骑单车，其风光程度不亚于现在用大奔娶媳妇。这样的福利分房和单车娶媳妇不值得“80 后”去羡慕。

“50 后”在这里我们称作为老一代，他们风雨兼程走过来不容易，现在的时代已不同以前，不应骂什么啃老的“80 后”，理解万岁吧。

以前小学到高中为 10 年制，国外的大学也只有 3 年。中国的学生多上 3 年，如果读研读博，老一代人的小孩可能已上初中。现在学校教授的知识好看不中用，工作后还需要继续充电，一不留神就进入大龄青年的行列。

新生代参加工作时间短，收入低，消费水平高，无法支撑高昂的房价。危难之中，丈母娘挺身而出，将男方老一代甚至再上一代的资源进行整合，买房成为最大的目标。如果男方来自农村或经济条件差，丈母娘可能会用“人棒”整合。

我的一位朋友老马是上海插队知青，现退休回沪，儿子已大学毕业几年，一家人蜗居在里弄的一间老式房子里。他们盼星星盼月亮地等着拆迁，因为一旦拆迁他们家的斗室就可能换来几套房子。但他们家面临的问题在于：里弄住户太多，开发商不敢捅这马蜂窝。2009 年初老马上门拜访亲家，丈母娘说：孩子结婚总该有个婚房吧。丈母娘的要求合乎情理，老马掏干口袋交了 60 平方米二手房的首付，如今房价又翻番，老马庆幸购房下手早。

另一个朋友老张，是内地某国企房地产公司的科长，儿子在上海某大学读研，女友老妈连续多个周末飞抵上海看房，终于定下浦东一套 90 平方米的房子。老张变卖内地的三套住宅加上一个门面房（福利房加投资房）付清了房款，真感谢丈母娘手下留情，否则老张可能会流落街头。

中国的房价实在太高了，现在还“高烧不退”。房价伤害了几代人，当丈母娘真的不易啊。

中国的房价实在太高了，人们承受着房价上涨之痛。然而，某些所谓名人借房价之热忽悠老白姓，一会儿是“牛刀 VS 徐滇庆深圳房价赌局”抓人眼球，一会儿是“万人不买房运动”声势浩大，一会儿又是“万人住房团购平台”粉墨登场，敏感的房价话题使他们声名鹊起，可他们的作为却像一把牛刀刺向人们的胸膛。

大多数新生代进入婚嫁的年龄，住房的需求对房价产生了一定的影响，中国的房价太高了，房价伤害着包括丈母娘在内的几代人。

社会应多关注新生代，为他们提供廉租房或相应的住房补贴，待有一定的经济基础时再考虑购房，不要让含辛茹苦的父母和他们一起当“房奴”。

房价漩涡中的开发商

以前，人们骂拖欠民工工资的小老板为黑包工头，如今房价上涨，人们该骂黑心的开发商，开发商处于房价的漩涡之中。

中国真正的房地产市场只有十多年，市场的快速发展成就了一大批开发商。中国城市化进程高速推进，人们的住房条件大为改善。虽然房地产市场不够规范，房价升幅过快，但是开发商所起的作用不可否认。

土地是房地产开发的根本，以前土地由政府划拨或协议出让，自 2002 年 7 月 1 日起，土地使用权转让进入土地交易市场，通过招标、拍卖或挂牌方式进行公开交易。以前土地划拨或协议出让由于缺乏透明度，很多方面要靠关系，综合成本大，开发周期长，2002 年土地使用权转让制度改革以后这一情况得到改变，中国房地产业进入快速的发展时期。

在房地产这条产业链上，开发商主要进行资本运作、协调关系，而设计、施工、监理、销售商等都在为其打工。中国房地产开发产业起步晚，行业集中度低，自有资金少。如中国最大的住宅开发商万科 2015 年销售额 2627 亿元，市场占有率仅为 3%，若不考虑上市和增资等渠道，自有资金更少。

人们以为房地产行业暴利，把高房价归结为开发商心黑。其实开发商也很委屈，他们的利润只有 8%～10%，对于成本问题他们也是有口难言。在房地产开发成本中，土地成本占 50%以上；工程造价每平方米 2000 元左右，约占 10%，营业税及附加和土地增值等税费在 15%左右，加上融资、运营、销售、公关等成本，按销售价算起来利润甚至低于制造业。

一般开发商自有资金在 20%左右，主要通过土地抵押贷款弥补一部分资金的缺口。以前在图纸上或基础完工就可以预售，现在工程结构完成后（总工程量 50%左右）才可以取得预售证，购房人的房款可以全部进开发商口袋，开发商又将资金拿去购地开发。这样开发商用 2 个亿的资金，就可以撬动 10 个亿的大盘，也就是说“10 锅 2 个盖”。开发商资金的快速周转，使得自有资金回报率超过 50%，也就是说，投资 2 个亿一年可以赚上 1 个亿，算得上是暴利。

房地产链条中的最低层是承包工程的建筑商，他们深受开发商的压榨，什么工程保证金、垫资等，工程竣工后还拿不到 70%工程款。建筑商最害怕出安全事故，无论是本地或外地出事，有关部门更有理由进行大检查。人们看到建筑商可能开着名车很风光，然而，每年春节是他们最难熬的日子，一点点的工程款首先要解决民工工资，借债或欠材料商款只能看着办，结果电话不敢接，家也不敢待。

开发商老板整天是跑融资、跑批文。几年前社会上热议的一官员喝 2000 元一瓶的 XO 酒而牺牲并准备申报烈士的报道，不知该饭局是否由开发商买单，酒精（久经）沙场的老板技高一筹陪酒量一定超过一瓶，恐怕喝的都是苦酒。

最让开发商扬眉吐气的是南京江宁区房管局长周久耕的落马。2008 年岁末，万科楼盘率先降价销售，周局长大为恼火，要对其进行查处。

周久耕只是一名科级干部，还自以为是万科总裁王石的大爷，在网民的追击下，周局长抽 1500 元一条的天价烟，戴数万元的名表频频曝光，加之巨额受贿被判 11 年徒刑。

现在各行业竞争激烈，生存不易，唯独房价一路高歌。如今做服装、做药、做摩托车、做化妆品等行业的都进军房地产业。

2007 年中国的股市变得疯狂，沪指曾跨越 6000 点，随后，在 2008 年跌破 2000 点，股民们坐着股市的“过山车”，体验了一番“上上下下的享受”。

再看房地产市场，2008 年中国房市经历了不到一年的盘整，很多城市土地流拍，一些开发商差点一命呜呼。甚至连房地产开发商的巨无霸，当时圈地达到大半个香港面积的碧桂园，也曾因资金链断裂而出现财务危机。中国房市经不起折腾。

2009 年下半年房价暴涨，国企、上市公司纷纷拿地圈地，地王频频出现。房地产开发周期一般为 3~5 年，如果高价土地得不到遏制，2012 年左右天价地的房源上市，中国将进入天价房时代。

天价地必然有天价房，必然造成有效购买力不足，如果房价暴涨到一定高度并远远超出社会购买力时，必然会出现滞销，导致房价暴跌，这个时候，开发商再也玩不转“10 锅 2 个盖”。

2015 年中国只有北京、上海、广州、深圳房价上涨，二线城市平稳，三、四线城市住房量价齐跌。

房地产行业涉及多个产业，相关从业人员上亿，开发商70%~80%的资金来自银行贷款，而银行资金则来自广大储户，一旦房价暴跌，对中国经济和社会稳定的伤害可能是灾难性的。

土地成本及公关成本居高不下推动了房价的上涨，而非理性的地王现象则无异于给房价“雪上加霜”。2012年以后的几年，房价出现超过20%以上的上涨。当房价暴涨到一定高度时，必然会出现房价暴跌。

房价的平稳是房地产业可持续发展的保证，开发商应有社会责任感，不要为高房价推波助澜。

中国城市化的蚕食现象和磁石效应

中国改革开放的30年，经济得到了高速发展，快速的城镇化进程影响着城市和乡村，影响着城市的房价，影响着社会的方方面面。

在农村，从“386199部队”（妇女、儿童、老人）到“99兵团”（空巢老人），当年在这希望的田野里，人欢马叫、鸡鸭成群的景象只是留在人们的记忆之中。

中国唯一以湖泊命名的巢湖市，市辖四县一区，面积9423平方公里（上海全市土地面积6340平方公里），户籍人口454万人。

1992年巢湖市在撤区并镇中，区公所被撤销，其中的赵集乡和柳集乡合并为赵柳镇；2005年撤销赵柳镇并入栏杆集镇。

当年超万人的柳集乡，威霸一方的乡并镇后成为普通的村落，坑洼不平的道路，只有两排房子墙上依稀可见的宣传标语，我们才知这是当年唯一的商业街。赵柳镇并入栏杆集镇后，一夜之间，原赵柳镇门面房和住宅房价下跌一半，相应栏杆集镇房价暴涨。若干年后，我担心栏杆集镇会成为今天的赵柳镇，不知何时也会成为陆家庄这样空壳村中的一员。

城市化进程对乡村产生巨大的冲击，镇兼并乡，大镇兼并小镇；下一步可能是大县兼并小县，城市兼并大县，我们称之为“蚕食现象”。

2011年8月22日，地级巢湖市被撤销，降为县级市，原所辖的一区四县分别划归合肥、芜湖、马鞍山三市管辖，若干年后巢湖市是否会成为合肥市的一个区不得而知。

巢湖市是我国的鱼米之乡，仅仅十几年就发生如此大的变化，难以想象若安徽、江西被江苏、浙江兼并，省会合肥、南昌房价恐怕会下跌一半吧，两省的经济必然会出现空心化。

大磁石与小磁石是相互作用，同时大磁石对小磁石起带动作用，我们称之为

"磁石效应"。

北京、上海分别是中国政治、经济的中心，中国最大的两个城市分别是环渤海湾、长江三角洲经济区的中心。广州位于珠江三角洲，是中国的第三大城市。三大城市像巨大的磁石辐射着周边，城市最终发展的决定因素是看腹地经济。

北京完全被河北省包围，周边只有唯一的大城市天津。天津这些年似乎被边缘化，只是近年来滨海新区得到发展。北京距省会石家庄近 400 公里，北京的周边城市廊坊、保定、张家口、承德、唐山都是经济欠发达地区，这帮穷兄弟还等着老大哥拉一把。

近年来，煤炭、矿山等原材料价格的暴涨，催生了山西、内蒙古、河北等地众多的煤老板、矿老板。推高北京房价的原因，除了首都的地位，再就是煤老板、矿老板大量的购房。2009 年山西省出台颇受争议的新政，让国企兼并民营的煤炭、矿山，以后煤老板、矿老板将淡出市场，北京的磁石效应将进一步弱化，北京房价上升的空间有限。

上海是中国的第一大城市，正成为全球金融和航运的中心。上海周边是中国经济最发达的江苏、浙江和长江经济带，上海周边的苏州、无锡、常州、南京、嘉兴、杭州、宁波等城市都是中国经济的明星城市。江苏的县级市江阴市的工业产值是河北省地级市的几倍，江阴市上市公司数量接近河北省总数，仅华西村就拥有 5 家上市公司。

上海的磁石效应，与周边城市相互作用，形成巨大的磁场，推动了整个长三角经济的快速增长，而巨大的经济腹地支承着上海经济的可持续发展，带动了上海房价的高涨。

广州所在的珠三角地区，毗邻港澳，是中国最早对外开放的地区，被称为世界工厂。随着广州城市的发展，2000 年，距离广州市 30 多公里的花都市和番禺市被撤销成为广州的辖区，导致地价、房价快速上涨，广州的磁石效应更加强大。

广州市与佛山市相邻，两市中心距离只有 30 多公里。佛山南海区的石湾镇是中国建筑陶瓷之都，大沥镇是中国铝合金型材生产基地，澜石镇是中国不锈钢第一镇，其产品各占全国 50%左右的市场份额，三镇相距为 20 公里左右。

2002 年，南海市被撤销成为佛山市的辖区，从此具有 1400 多年历史的南海县成为历史。

2010 年 11 月广州至佛山地铁开通，广州与佛山经济更加紧密，将来佛山有可能成为广州市的辖区。

城市化进程对乡村产生巨大冲击的蚕食现象，其结果将造成穷的地方更穷，富的地方更富。

上海、广州的周边分布着经济发达的城镇，像大磁石与众多的小磁石相互吸引，带动城市和乡村经济整体快速发展。

不同的地方经济发展存在着巨大差异，地域是因素之一，但最主要是观念问题。经济落后地区国企强势，不重视发展民营经济。相反，经济发达地区，民营经济蓬勃发展，不断崛起的明星县市、明星乡镇形成强大的磁石效应。

经济欠发达地区有可能被边缘化，这种蚕食现象令人担忧。江浙、广东的城乡经济共同发展，相互促进的磁石效应使我们看到了中国城镇化的灿烂明天。

房价漩涡中的地方政府

住房制度的改革改变了中国人的住房观念。十多年来，人们的住房条件大为改善，同时改变了城市的面貌，加快了城市化进程。然而，城市房价近似疯狂地上涨了 5～10 倍，对人们的心理和社会冲击巨大，地方政府处在房价漩涡的中心。

以前土地是政府划拨和协议出让，自 2002 年 7 月 1 日起，国有土地使用权出让先在一级市场上通过招标、拍卖或挂牌方式进行公开交易（简称招拍挂）。地方政府作为房地产政策的制订者，又是房地产最大的受益者，既当裁判员又当运动员。

十几年前，全国城市普遍存在着脏乱差现象，城市基础建设落后，资金成为制约城市发展的瓶颈。当时上海人均居住面积不足 10 平方米，直到 1994 年 12 月，上海才有第一条 16 公里长的地铁。

1993 年大连在全国第一个提出经营城市的理念，十年以后大连由一个污染严重的重化工城市变成了绿树成荫的花园城市。

经营城市的目的在于整合和完善城市功能，改善城市环境。城市土地价格的提升，本身就是城市的增值，从而吸引了投资者对旧城区和棚户区的改造，形成了一批批现代化的住宅区和建筑群。同时，城市变美了，也带动了旅游、商贸、房地产、高科技等相关产业的发展，这更是城市巨大的增值。

十多年来，上海的城市面貌焕然一新，建成了洋山港、东海大桥、崇明长江隧桥等一大批工程。2015 年，上海中心城区越江隧桥近 20 条，地铁 15 条，运营里程超过 617 公里。这样骄人的成绩得益于经营城市的理念和策略。

然而，不少地方政府将“经营城市”这本经念歪了，变味了，变成经营城市土地，领导很少去关心市民的衣食住行等民生问题，俨然成了土地经营公司的总经理。一些地方没有很好地发展经济，只是靠出卖土地生存，称之为“土地财政”。内地某县与省城相连，县城距市中心十几公里，高速公路、铁路穿县而过，乘高铁到上海只需 2 个多小时，可谓是天时地利。然而，该县没有像样的企业，只是人口输出大县。没想到这几年，仅靠卖土地就迈进了全国百强县。

土地财政将社会资源转化为小集团的利益和形象面子工程，导致机关人员臃肿，效率低下。到处是“开而不发”的开发区，很少开灯的街道“亮化工程”。

2015 年，北京、上海土地出让金分别为 1983 亿元、1677 亿元，并分别占全年地方财政 42%、30%。

土地拍卖积累的资金为城市建设和发展作出了巨大贡献，然而天价土地必然带来天价房，高房价对社会造成了巨大伤害，提高了人才进入的门槛，降低了城市的竞争力。

控制房价上涨过快关键在政府，在于当地政府领导。如果只考虑小集团的利益，只考虑形象面子工程，心中不装着人民，光作秀房价是不可能得到控制的。

中国改革开放 30 年，住房制度改革 10 多年，城市面貌得到了根本改变，积累了雄厚的物质基础，政府应将工作重点转移到民生方面。

首先应与时俱进，以人为本，改变僵化的户籍制度，建立全国统筹的社会保障体系，创造和谐的社会环境。大力兴建廉租房、经济适用房，政府用租金补贴方式将投资房转化为廉租房，让在城市有固定职业和收入的人员安居乐业。不要将有限的资金去造什么“三国城”“潘金莲街”这些假古董。上海有外滩、南京路，用不着去造占地 1. 16 平方公里的迪斯尼乐园，若将此地块建造超过 10 万套的小户型廉租房，就不会出现唐镇的天价地，人们怀疑迪斯尼是否为免费拿地。

其次，要促进城乡经济和谐发展，大力发展民营经济。长三角、珠三角的成功经验表明：城乡经济共同发展得益于活跃的民营经济。如江阴市华西村所有居民都住上了别墅，外地大学生住上了人才楼，大家有了良好的居住环境和事业发展前景，都一心一意去发展经济，而不是挖空心思地去炒地炒房，从而成就了华西村今日的辉煌。

快速的城市化严重冲击着城市和乡村，冲击着人们的观念。房地产业的快速发展是机遇，也是挑战，而房价最为敏感。房价的暴涨暴跌，最终将毁掉整个房地产行业，毁掉整个银行系统，毁掉 30 年来改革开放的成果。稳定房价是政府义不容辞的责任，只有社会和谐，中国经济才会健康稳步地发展。

职场天地

大学生由学校走向社会，是人生重要的转折点。政府部门、国企、外企和民企存在着很大差别，同时企业内各部门、各岗位也存在着很大差别。职场是双向选择，所谓“热门行业”竞争激烈，选择适合自己的特点及发展方向才是最佳选择。

职场上需要有良好的敬业精神，不要任何借口，只有脚踏实地，在工作中找到乐趣，职场的路才会宽广，记住是金子总会发光的。

招聘的误区及困惑

高校毕业生面临着就业难，同样用人单位也叹息招人难。现在应聘者与招聘单位都是双向选择，只有双方的条件相同或相近，才会达成协议。

公务员录用考试为“国考”，热门岗位千人挑一；垄断国企很少外部招聘，甚至是“萝卜招聘”。中国真正的外企很少，只是一些办事处。

中国经济正处于下行通道，国企、合资企业面临着产能过剩；传统产业的民企面临转型升级的压力，相对而言民企招聘一线生产工人较多，只是大学生甚至是来自农村的大专生都愿意坐办公室。管理岗位很难消化每年700多万高校毕业生，加上招聘方面存在很多误区，大学生及用人单位都疲于奔命。

（1）简历需要豪华包装吗？

求职简历制作、形象包装过度花费没必要。刚毕业的大学生不可能有很多经历，简历太厚不易保存，企业在整理简历时，只有将有用的一页纸撕下保存在文件夹中，其余丢在垃圾桶里。建议求职简历只要用一张A4纸，简历要简单明了，附张照片更好。

（2）做整容、拍生活照，颜值高录用率会高吗？培训证书会加分吗？

大学生不是应聘表演、前台岗位，犯不着去做整容、拍生活照，只要穿戴得体就行。学历证书可以证明你的身份，不必花钱、花精力去考证。如果应聘营销或外勤岗位，有驾照更好。

（3）大型招聘会海投简历效果好吗？

规模庞大的春秋季招聘会，一般选在大型体育馆，聚集着央企、中外银行等单位。招聘人数几十、几百人，岗位很诱人，什么年薪数十万、百万元。应聘人员买票进场，会场上人山人海，应聘者很难挤到展位前投简历。

细分析企业选人难道像小孩过家家，招聘会由人事部门组织的大型企业参加，中小企业无缘参加，目的是造势。央企、外企不招人或很少招人，只是作秀、打广告。

(4) 小型招聘会效果好吗?

以前我们经常参加上海人才市场星期六、日的招聘会，效果还好。我们选两个展台，一个初选，一个细谈，有意向者要求去公司再面试。多数中小企业老总或副总参与招聘，然而大量的保险公司人事专员只是为了收集应聘者资料。

参加招聘会由于费用高，交通、接待耗时多，停车不便，近年来企业很少参加，网上招聘已成为主流。

(5) 定向校园招聘好吗?

一些大型国企及外资、合资企业，如上海大众、通用汽车、宝钢，每年都去上海大学、上海理工大学招聘应届毕业生。新员工经过两个月的培训后，进入生产线担任操作工。新员工工资3000元左右，思想单纯易于管理，可以补充原有员工岗位调整及跳槽的空缺。

外资企业招聘主管、经理岗位习惯找猎头公司，因为猎头公司有人才数据库，推荐的人员更加符合用人企业需求。

部分中小企业选择到二本或技术学院招聘，岗位主要是管理和技术岗位。由于学生受家长的传统观念影响，往往不愿去中小企业。

(6) 网上招聘效果好吗?

网上招聘是最方便的招聘方式，主要网站有智联招聘、58同城、上海公共招聘网(12333)，各网站有不同的目标客户，以下对招聘的感受进行分析。

智联招聘：网站知名度高，信息量大。应聘者习惯海投，对企业情况不了解，甚至不知道企业名称。应聘者对企业提供的月薪不知是否未看，工作两年左右的本科及大专应聘者要求月薪8000元以上。

应聘者以外地来沪人员居多，应聘岗位主要为坐办公室及管理岗位，外地人比上海本地人月薪的期望值高很多。虽然应聘者不少，但实用信息很少，效率较低，用人企业选聘很累。

58同城：适合招聘仓库管理、驾驶员、操作工，应聘者对企业信息比较关注，习惯选择与居住地比较近的企业应聘，用人企业容易选聘。

上海公共招聘网(12333)：网站版面较差，不过是唯一的免费网站。网站信息量虽小，但应聘者对企业信息比较关注，习惯选择与居住地比较近的企业应聘。

应聘者以本地人居多，应聘岗位主要为文员及管理岗位，月薪为企业提供，没有应聘者期望月薪的栏目，用人企业容易选聘。

建议：应聘者根据自己应聘的岗位选择不同的招聘网站；要搞清企业情况，找准适合自己的岗位，不要盲目海投简历，这样成功的概率会高。

应聘者须具备良好的心态，正确分析自己的能力，看清企业提供的月薪与自己的期望值是否相符，若差距太大请不要投简历，否则企业对个人诚信有看法，成功的可能性很小。

晒一晒小公务员收入

改革开放初期，广东流行一种说法，家长教育小孩时会说：若不好好学习，将来只有去当干部（公务员）。而现在真叫人看不懂，几百人、几千人竞争一个公务员岗位，国家公务员考试是世界上最惨烈的人才战场。

考公务员成功的概率很小，考进了也不一定能够适应，你是否真正了解公务员?

人们认为公务员工作清闲，收入稳定。其实公务员工作枯燥，会议多，考核检查没完没了。一些部门人际关系复杂，勾心斗角，做事要眼观六路，要具备良好的心理承受能力。收入虽然稳定，但没有大幅度提高的可能。

公务员升职空间大只是在理论上，但是你必须先从倒水、扫地做起，可能熬上 10 年都不一定当上科长，大多数人一辈子只是办事员。

人们认为公务员接受请客送礼，有很多灰色收入。公务员只有在实权部门或担任一定职位后，才有机会权力寻租。如果考公务员的目的就是为了做贪官，你迟早一天会出事，将身败名裂。

公务员是百里、千里挑一，算得上人精，如果去民企可能会担任老总、高管，去创业可能会成就大业。公务员一旦离职，专业的荒废，朝南坐的心态，将很难适应社会。当职务变动、退休是否能够承受其失落感也是个问题。

人们一说到官员财产收入，可能想到科级的北戴河供水总公司总经理马超群，在其家中搜出现金 1. 2 亿元、黄金 37 公斤、房产证 68 套。其实马超群月工资只有几千块，能持续多年贪腐，在于掌握实权部门，并很好地平衡方方面面关系。

大多数公务员不可能都掌握着实权部门，如今政府权力的透明，反腐力度的加大，想贪腐也不容易。

晒一晒部分内地官员主要财产收入：

S 县城建局副局长（副科），现工资 4400 元，工作 10 年后任副局长。56 平方米福利房 1 套，110 平方米商品房 1 套。

H 市工商分局局长（科级），现工资 5200 元，工作 7 年任副局长，工作 21 年任正局长。出售福利房后，购买 146 平方米商品房 1 套。

M 市原建委主任（处级），工作 16 年后任房产局长，工作 20 年后任建委主任，后因受贿 40 万元，被判 8 年徒刑。现 96 平方米的福利房 1 套，出狱后打工。

大学生就业选择

大学生毕业后，面临着就业方向和出路，需要根据自身学历、兴趣和适应能力，更需要了解企业的情况，只有适合你生存和发展的企业及岗位才是最好的选择，特选择有关资料供参考。

创业

利：自己的事业自己做主。全方位锻炼人的能力，最大限度激发人的潜质，培养系统性的思维能力，最大限度地发挥动手实际操作能力，创业成功的成就感无可取代。

弊：目前中国的创业环境并不健全，需要一笔较大的先期开支，需要长远目光和周密规划。大学毕业生社会经验少，眼高手低，盲目乐观，容易碰壁，而心理又十分脆弱，创业失败所遭受的打击巨大。

建议：大学毕业生想要成功创业，不只需要远大的理想，还要有激情、行动力、领导能力、商业信用和超强的适应性。毕业生不论是心智、观察市场的眼光、领导气质都还有一定的欠缺，所以想创业的人无需急于一时，进一家好的私企或外企公司，积累了丰富的经验和人脉，再辞职创业更为妥当，成功率也更高。

公务员

利：稳定的收入和生活，有良好的保障，公务员收入不是最高，但福利很好。有一定的社会地位及相应的权限，职业轨迹确定，工作没有太大的浮动性。国家机构员工，本身带有荣誉性质。

弊：工作枯燥，忙起来极忙，闲起来极闲。考试没完没了，升职总与考试、考核挂钩。有些机关人际关系复杂，勾心斗角。收入稳定，但没有大幅提高的可能，只能保持平均水准，坐在清水衙门没有晋升可能的人，很没成就感。

建议：有志从政的人、真心想改变国计民生状况的人、想要一个稳定工作的人可以选择考公务员。公务员这个工作，如果心境淡泊，没有野心，不失为不错的选择，能够保证安定的生活和充足的个人时间。如果想要升职，则要有长期奋斗（至少 10 年）的决心和高明的人际头脑，否则不容易出头。不要因为父母家长的偏好而选择公务员的工作，如果你个人志不在此，很可能因为平淡反复的工作磨平了你的棱角，丧失前进的动力。

国企

利：稳定的收入，良好的福利保障，国企注重员工素质，要求员工为人处事遵循一定规则，可以学到很多“社会学理论和实践”。有些行业工作相对安逸，心理压力相对较低，国企锻炼人，能够形成良好的就业观。

弊：入门难，不容易进，同公务员一样从入门便有可能要仰仗父辈的人际关系。有的单位一切都要论资排辈，想要出人头地一般需要多年的奋斗。人际关系较复杂，大多数的国企，如果你只是小职员的话，大多待遇一般。

建议：国企人际关系复杂，初入其中的大学毕业生也许会摸不到门路，而按资排辈的现实更让心高气傲的大学生心生不服，当然，多数国企也正在加快改革。国企能够全方位地锻炼人，尤其可以让大学生以最快的速度从学校走入现实社会。总的来说，国企是不错的选择。

考研

大部分的大学生对于未来的整个要贯穿他们 40 年生命的“职业工作”，完全没有或是没有清晰的认知和规划，以这种心态离开校园投入社会工作，应该说是相当不利的。

利：延缓就业压力，推迟就业期的到来。有些城市能给研究生解决户口的问题，提高自身学历，增强竞争力。国家出台了新的研究生扩招政策，考研相对容易，能够拿到更高的文凭。学术上有创见，可以沿着这个方向一直努力，毕业后获得稳定的工作。

弊：研究生毕业后，毕业压力仍在，而且有了更为年轻的竞争者，压力越加沉重。读研期间，不一定能学到对自身职业有用处的知识，白白浪费了积累经验的时间。研究生扩招，会出现和大学扩招相同的结果——研究生学历贬值，也许毕业后只有一个选择——考博。

硕士或博士研究生毕业后年龄偏大，失去年龄优势，特别是女生，要面临年龄、生育等影响。学术研究层次越高，就业面越窄，毕业后面对更加激烈的竞争，此时却已无法放弃本专业。

建议：如果对某个专业、某种学问非常热爱并具有相应的研究能力，就不要浪费自己的爱好和天才，继续深造，终有一天会有建树。但如果考研只是为了规避和缓解就业压力，建议不要考研，研究生毕业后压力只增不减，而且会使你丧失积累经验的机会。试想 3 年时间，你将与多少机会失之交臂。

年龄有时候是一种优势，因为年轻，有犯错误的时候也会有改正错误的机会，一旦年纪大了才开始接触社会，这些机会就会相应减少。一个二十几岁的本科大学生犯了错误，单位会念在你年纪小给予原谅；但一个将近三十岁的研究生犯同样的错误，会让人诧异甚至认为不可原谅，善用年龄优势就是为自己留下余地。

留学

利：增长见闻，开拓视野，成为一个有见识的人。磨练自己的生存能力，培养自己的吃苦精神，学习外国人的优秀之处。好的学校，好的专业，能够学到真正的知识，拿到过硬的文凭，有机会进入外国公司或者移民。

弊：出国留学需要大笔金钱，而投资不一定就有相应回报。国外消费水平高，也许你会常常感到入不敷出、经济拮据。有些国家很排外，你无法真正融入当地同学、同事之中。外国的经济状况不都是很好，工作的机会更少，对员工的要求也更高。如果没有学到真正的知识，会白白浪费几年光阴和大笔金钱。

建议：年轻的时候有机会多见见世面，是件好事。如果有条件出国留学，不妨出去。但是，如果没有好的学校或者好的专业，大可不必出国镀金，把同样的资金用来创业或投资意义更大。应该看到的是，现今的国内企业，对于“海归”早已失去了十几年前的迷信和青睐，他们更愿意选择那些能力相差不大却领更少薪水的国内大学生。

私企

利：能够发挥能力，发展空间较大，能够很快学到实用的知识。私企工作不单调，需要一职多能，无形中提高了自己的能力。劳有所得，私企老板会按照你的贡献决定你的薪酬待遇，形成良性循环。自由性大，升职、积累经验相对更快，想跳槽也容易，桎梏性小。

弊：企业人文环境参差不齐，有些极好，有些极差。竞争相对激烈，工作环境不稳定。有些制度不合理，人治的因素较多。

建议：2008 年新《劳动法》实施后，私企与国企、外企一样缴纳社会保险，一线城市私企都能做到。私企的门槛较低，更易积累经验，老板很重视人才。毕业生如果选择私企，可以选择员工人数在 50 人以上的企业，有一定规模的企业比较规范。

相比而言，国企、外企管理比较规范，如果先在国企或外企干几年，再选择适合自己发展的私企或许更好。私企很大一部分从事民用行业，技术含量不高，投入小。如果能在私企学到技术、管理、营销方面的知识，对自己今后创业会有很大帮助。

外企

利：薪酬高，福利好，工作环境好。外企有系统的企业文化、管理制度，能够学到更多的东西。强调个性和创造性，有利于培养能力，也有利于搭建自己的人脉。注重员工发展，给予员工诸多培训。

弊：起点高，发展空间不大；工作量大，经常需要加班加到吐血；竞争激烈，神经随时紧绷，长期如此对身心健康不利；打入核心机构难上加难，可能性基本为零；对外语有很高的要求。

建议：外企的高薪是很多毕业生追求的目标，进入外企，感受成熟的企业环境和管理系统，有利于毕业生学到更多的东西，不论是个人能力，还是行业观念、企业文化意识。外企能够全方位地充实员工的头脑，但是，外企竞争激烈，职位一般也只能做到一定级别。有些聪明人会进入外企学习先进的管理经验和技术，然后自己创业。或者做一名职业打工者，职位虽然只能做到一定级别，但随着经验和能力的累积提升，可以不断挑战更好的企业。

自由职业

利：充分发挥自己的才能爱好，时间自由、充裕。能够全面安排自己的生活，挑战性高，生活不易枯燥。按照自己的理想生活，心灵充实。

弊：没有稳定收入，必须关注自己社保和养老问题。脱离社会太久，不容易融入。对自制力要求极高，会时常出现入不敷出的情况，有江郎才尽的顾虑。

建议：自由职业适合有艺术气质的人，SOHO 一族的生活虽然令人羡慕，但存在的隐患也不容忽视，自控力强、计划性强、有理财观念的人能够适应自由职业，并保证自己的生活。容易产生惰性的人，还是需要工作来规范，不建议太过“自由”。

最后祝大学生们都能找到一份称心满意的工作！

（选自“毛毛熊”的博客并作修改）

选择外企就业利弊

大学生首选就业单位调查：外企 39.4%，公务员 28.6%，国企 17.1%，自主创业 9.8%，民企 5.1%。大学生择业首选外企、公务员，民企排列最后，以下对此现象做些点评。

外企高薪，福利好，可以出国旅游。外企实力雄厚，有系统的企业文化、管理制度，能够学到更多的东西。强调个性和创造性，有利于培养能力。注重员工发展，给予员工诸多培训。

（1）欧美企业相对好点，日资企业工作量大，经常需要加班，外企竞争激烈，对外语有很高要求。

评：大学生还没有工作，怎么知道日资企业经常需要加班。

（2）在中国的外企很多是大企业集团、跨国公司，经济实力雄厚，管理水平高。总体上薪水超过国内企业，担任主管以上职位薪水更高。

评：外资企业产品、服务相对来说品位、利润较高，员工总体薪水超过国内企业，欧美企业和日资企业没多少区别。

外企更知道降低成本，利润最大化，金融危机时，外企首先大量裁员。老外很多是中国通，一般岗位不可能付高薪、高福利。

（3）外企求职竞争激烈，要求硕士以上，外语六级，我只是本科，进外企可能性小吗？

评：知名外企对招聘会乐此不疲，大量的应聘者傻傻地抱有幻想，其实外企只招几个岗位或者不招，参会一是收集信息，二来主要是提高企业知名度。谷歌公布招聘 30 名员工，实际招多少只有天知道，媒体大吹特吹，谷歌为稳定在华业务的目的已经达到。

中国的合资企业很多，真正外商独资企业很少，很多只是外资企业的销售办事处，招聘人数有限。本科教育已很不错，施展才华的地方很多，没必要一定选择外资企业。

(4) 外企有系统的企业文化。

评：我一表弟在德企工作十几年，每天早晨洗一次澡，说是老外不喜欢闻到中国人身上的味道。正常下班时间为下午五点，老外早晨上班很迟，他办公室隔墙为透明玻璃，待到晚上七八点老外离开，大家才下班，害怕被炒鱿鱼。企业文化是多年的积累，企业的文化各不相同，看如何去适应。

(5) 外企有先进管理制度，在外企能够学到更多的东西，晋升机会多。

评：外企的先进管理值得我们学习，不知同学们学习的目的是什么，外企的管理经验用于国内企业需要有消化吸收过程。在外企想进入高层可能性很小，就算有朝一日你成为外企大中华区总裁，也很难了解核心技术，不可能知道可口可乐的配方。

不要找借口

无论是学习还是工作，要想做好一定要靠自已去努力。其实路在脚下，机会在自己手中，如果整天找借口，就不会成功，就不会在工作和生活中找到快乐，只是永远生活在后悔沮丧中。下面是摘录《没有借口》的片段。

借口是转嫁自己责任

上班迟到了，会有“路上堵车”“闹钟停了”的借口。

业务拓展不开，会有“市场不好”“我已经尽力了”的借口。

事情做砸了，任务未完成，只要用心去找，借口无处不在。

寻找借口的唯一好处，就是把属于自己的过失掩饰掉，把应该自己承担的责任转嫁给社会或他人。

这样的人，在企业中不会成为称职的员工，也不是企业可以期待和信任的员工；在社会上不是大家可信赖和尊重的人，这样的人注定是一事无成的失败者。

诚信是我们每个人应遵守的道德规范，诚信须从我做起，从点滴做起。

守时是一种诚信

十多年前，我联系上海徐汇区一项目，约定下午2点在业主办公室碰面，由于路上堵车，迟到15分钟。接待小姐告诉我：“我们老总于2点10分外出，3点钟回来，请稍候。”3点不到，老总回来说：“很抱歉，让您久等。”

我当时真恨不得有条地缝钻进去，以后守时成为我的习惯。

借口是拖延的温床

常常纳闷，为什么有的人如此善于找借口，却无法将工作做好，这的确是一件非常奇怪的事。因为不论他们用多少方法来逃避责任，该做的事，还是得做。而拖延是一种相当累人的折磨，随着完成期限的迫近，工作的压力反而与日俱增，这会让人觉得更加疲倦不堪。

拖延的背后是人的惰性在作怪，而借口是对惰性的纵容。人们都有这样的经历，清晨闹钟将你从睡梦中惊醒，想着该起床上班了，同时却感受着被窝的温暖，一边又不断地给自己寻找借口“再等一会儿”，于是又躺了 5 分钟，甚至 10 分钟，借口的实质就是推卸责任。

以前我当技术员时，领导布置的工作会积极地完成，因为我要面子，希望展示自己的才能，所以对工作有种激情。

如今岗位选择的余地大了，似乎跳槽成为时尚，如果带着这种心态工作，做事不可能有热情，能拖则拖，这样自己很累。若频繁跳槽，需不断地熟悉新环境，职位也很难提升。

当你为自己寻找借口的时候，你也许会愿意听听这个故事：

时间是一个漆黑、凉爽的夜晚，地点是墨西哥市，坦桑尼亚的奥运马拉松选手艾克瓦里吃力地跑进体育场，他是最后一名抵达终点的选手。

这场比赛的优胜者早就领到奖杯，庆祝胜利的典礼也早已结束，因此艾克瓦里一个人孤零零地抵达体育场时，整个体育场几乎空无一人。艾克瓦里的双腿沾满血污，绑着绷带，他努力地绕完体育场一圈，跑到了终点。

在体育场的一个角落，享誉国际的纪录片制作人格林斯潘远远看着这一切。在好奇心的驱使下，格林斯潘走了过去，问艾克瓦里，为什么要这么吃力地跑至终点。这位坦桑尼亚的年轻人轻声地回答说：“我的国家从两万公里之外送我来这里，不是叫我在这场比赛中起跑的，而是派我来完成这场比赛的。”

不要让借口成为习惯

借口是一种不好的习惯，一旦养成了找借口的习惯，你的工作就会拖沓、没有效率。抛弃找借口的习惯，你就不会为工作中出现的问题而沮丧。甚至你可以在工作中学会大量的解决问题的技巧，这样的借口就会离你越来越远，而成功离你越来越近。

事情做错了并不可怕，可怕的是很多人做错了事，不是从自身找原因，而是借口一大筐，结果是同样的错重复再犯，很多人不会说三个字“我错了”。

纪律——敬业的基础

当你的企业和员工都具有强烈的纪律意识，在不允许妥协的地方绝不妥协，在不需要借口时绝不找任何借口——比如质量问题，比如对工作的态度等，你会猛然发现，工作因此会有一个崭新的局面。

如今敬业的人少了，工作只是为了一份薪水，甚至将职业作为一种负担，这样你当然很累。

对立情绪要不得

只要你是某一组织中的一员，就应当抛开任何借口，投入自己的忠诚和责任心。将身心彻底融入公司，尽职尽责。处处为公司着想，对投资人承担风险的勇气报以钦佩。理解管理者的压力，那么任何一个老板都会视你为公司的栋梁。

（摘录中国青年出版社《没有任何借口》并作修改）

什么地方能更好地发展

毕业后不太想回家，我学的专业家里都没有合适的工作，尽量留在大城市找工作。我是学广告的，家里面没有广告公司。(家是农村的小李)

评：从农村出来的大学生，尽量留在大城市找工作，发展空间会大些。由于大城市生活成本高，待工作一段时间后，再根据情况选择适合自己生存和发展的地方。

许多专家都曾谈到，大学生并不是找不到工作，而是找不到符合自己期望值的“好工作”，这也是相当一部分毕业生觉得就业难的主要原因。很多大学生毕业之后一定要在大城市、沿海城市或经济发达地区就业，由于竞争激烈，就会有很大部分人被淘汰。

我家里是沈阳的，沈阳这几年发展得不错，所以我想留在沈阳，不想去别的地方找工作了。在沈阳离父母也近，将来照顾起来也容易。(家在沈阳市和平区的小王)

评：说大城市、沿海城市或经济发达地区就业竞争激烈是误导，那里就业机会更多。相反，在内地小城市、小县城，由于经济落后，就业机会更少，很多地方需要送礼、托关系。沈阳也算大城市，回沈阳也是很好的选择，不用为住房发愁，还有人脉优势。

城市户口特别是大城市户口在中国人生活中的巨大意义无人能否认，大学应届毕业生通过就业得到一个有价值的城市户口，这几乎成为就业的首要目标。哪怕工作不理想，也可以先落户后就业。

评：上海引进人才的标准：全国重点大学硕士、博士毕业生。大学生要想达到此标准不容易，如果只为追求城市户口意义也不大。非沪籍人员可以在上海缴社保，其养老、医疗、就业待遇与沪籍人员基本相同。

大学毕业生应该放下“架子”。根据大学生求职意向显示：大学生期待就业时薪资达到3000~5000元，但是经验和能力是大学生就业的软肋，在调查中有工作经验的学生仅占总数的13.29%，可见没有工作经验的学生占绝大多数，这与用人单位在招聘中强调的工作经验明显不对称。

大学生找不到适合自己的工作往往愿意归罪于学非所爱、学非所用。当你不能在“兴趣”中寻找工作的时候，就必须学会在工作中寻找“兴趣”。

用人单位在招聘中强调的工作经验，主要是担心应届大学生心态不稳定，工作一段时间后会成熟，与专业对口、工作经验无关。

作为应届毕业生，刚刚步入社会，只有书本上学到的知识，并没有实际的经验，要求高薪也是不切实际的想法。初到公司，毕业生实际上是半学半工的状态，很多公司都要为此进行必要的培训，还有的实习生在培训后就跳槽，企业实际上是赔钱而不是赢利。实际上只要毕业生能够将自己的期望值降低，比如到广大的农村地区、边远地区、基层去，降低薪酬期望，只要能解决自己的温饱，就去做，先攒经验。

评：企业培训成本及风险很大，主要是担心应届大学生的心态。由于大城市综合成本高，制造业正向内地及西部地区转移。很多中小民营企业生产基地在小城市或乡镇，主要从事传统行业，面临着转型升级的压力，他们真切渴望人才。如果大学生能放下身段，脚踏实地，企业一定会重用，为以后自己创业打下基础。

长期以来，我们的教育观念是认为大学的专业分得越细越好，专业之间有一种难以逾越的鸿沟。事实上，大学教育只是一种基础教育的延伸，毕业生所掌握的只是专业所涉及的最基本的内容。因此大学生还应不断扩充自己的知识面，注重培养自己的综合素质和能力。要主动适应市场经济社会的发展，不断拓宽自己的择业领域。

评：目前，高校教育严重脱离实际，企业须从头培训。培养合格人才需耗费很多人力、财力，毕业生一旦跳槽企业投入将付之东流。

社会之窗

环境污染之痛，城市交通之堵，股市“上上下下的享受”等影响着社会、企业，影响着人们的生活和工作。

经济快速发展了，但我们却为环境付出了沉重的代价，只有人与自然的和谐，才会让生活更美好。

城市交通支撑着城市的繁荣和发展，交通之堵所造成的时间成本、能源消耗、空气污染代价巨大。如果交通瘫痪，整个城市就会变成死城。

企业是社会的一分子，保护环境是企业应该承担的社会责任。可喜的是轨道交通建设及新能源车推广，正成为城市交通的主体。

老板只有了解社会，才会融入社会之中。面对危机应该早做准备，沉着应对，并从危机中寻找商机。

大地的呻吟，蓝天的呼唤

小学有一篇课文：蓝蓝的天空，白云朵朵；夜晚，一轮明月挂上天空，星星眨着眼睛。青青的河水，鱼儿在水中遨游，牛羊静静地在河边吃草。

读完课文后，老师布置学生写一篇赞美家乡的作文，同学们都很犯难，有位同学写道：我的家乡是中国的煤城，高楼大厦尽显城市的繁华，从我记事起，天是灰蒙蒙的，晚上没有星星月亮，只有霓虹灯眨着眼睛。黑黑的河水流淌着我的泪，可爱的鱼儿何时才能见到你？

城市是社会进步的标志，2010 年上海世博会主题为“城市让生活更美好”。

这些年来，城市楼高了，马路宽了，但我们却为环境付出了沉重的代价。如果没有人与自然的和谐，没有让生活更美好，城市还有存在的意义吗？愿孩子不再叹息，愿河水不再流泪。

大地的呻吟

紫金矿业污染事件

福建紫金矿业紫金山铜矿湿法厂 2010 年 7 月 3 日发生铜酸水渗漏事故，事故造成福建汀江部分水域严重污染，紫金矿业直至 7 月 12 日才发布公告，瞒报事故 9 天。紫金矿业，当初是靠压低成本提炼“低品位”金矿发家而闻名，然而伴随它一路的却是多次的重大环境污染事故。

我搞不明白，一个靠乱挖乱采，压低成本提炼“低品位”金矿发家的紫金矿业，竟能够在上交所上市，成为人们追捧的绩优股。

大家可能到过世界自然与文化遗产的武夷山，一定会被素有“天下第一险峰”的天游峰折服，还有乘着木筏漂流在九曲溪上，两岸的山峰悄悄退后，时不时细雨顺着我们的发梢划落。

发源于武夷山南段的汀江，更像是未揭开面纱的少女。历经千年的造化，汀江两岸的山峰奇特，千娇百媚，汀水清澈如蓝似玉，她荟萃了三峡之奇、漓江之秀，处处呈现出人间仙境。

我们叹息：大自然给我们人类的美景为什么不懂得珍惜呢？难道山上的金矿是罪过吗？为什么人们为股票套利那么地贪婪？

"8·12"天津滨海新区爆炸事故

2015年8月12日，位于天津滨海新区的天津港瑞海国际物流有限公司所属危险品仓库发生爆炸。爆炸威力相当于几十吨的TNT炸药，很多建筑被夷为平地，共造成165人死亡，8人失联，798人受伤。

现场累计存放危险化学品3000吨，包含了：硝酸铵800吨左右、硝酸钾500吨左右、氰化钠700吨左右。

侦探片里经常出现的镜头：特务打开装有氰化钠的小瓶，挑一点点放入水杯中，证人或叛逃者喝水后一命呜呼。人们惊讶天津港"8·12"爆炸事故中，竟然储存700吨氰化钠。

紫金矿业污染事件中，我们对低成本提炼"低品位"金矿的情况缺乏了解，通过天津港爆炸事故我们终于明白，氰化钠可以开金矿，没想到这些人竟狼狈为奸干这些伤天害理、断子绝孙的事。

感谢生我养我的土地，不要贪婪地掠夺他们吧，让大地母亲不再流泪。

沙尘暴之痛

新华社报道：2015年3月31日，甘肃敦煌市遭遇沙尘暴袭击，从早上6点开始，刮起了6级大风，大风卷起黄沙遮天蔽日，市区能见度不足50米。早上9点30分，能见度已经下降到不足20米。空气中弥漫着呛人的沙土味。

读中学时最难忘的是地理，那里有茫茫的内蒙古大草原，有着"风吹草低见牛羊"的草原之美；在新疆塔克拉玛干沙漠，驼群漫步在沙漠之中，夕阳的余辉映照那金色的沙丘；神秘的敦煌石窟和美丽的古城，人们仿佛听到丝绸之路上的驼铃声。

如今那美丽的画面却离我们越来越遥远，耳边只听到内蒙古沙尘暴席卷我国北方地区，新疆沙尘暴席卷我国西北，波及中部和东部地区。以前沙尘暴只是在华北及西北地区，没想到沙尘暴还能光临东海岸的上海，并跨过大海走到韩国、日本。

频繁出现的沙尘暴原因，我们不得而知。留下记忆的是来自内蒙古大草原的蒙牛、伊利牛奶，西北高原的发菜、枸杞和新疆罗布泊枯朽的胡杨林。

大自然养育了华夏子孙，如果没有人与自然的和谐，大自然当然会惩罚我们。

改善生态环境，减少沙尘暴影响，须做好还林还草，减少过度放牧，让土地、草场能休养生息。

缺水之痛

黄河，中华民族的母亲河，多少年来她养育着华夏的子孙。《黄河大合唱》中那咆哮的江水，船工的号声激励着中华儿女抗击日本侵略者。如今黄河中游的花园口，江水只是静静地流，有时还会断流，黄河下游的很多河床已成为牧场。

中国西北、华北缺水严重，华北很多地方农业、工业及生活用水主要靠抽采地下水，已经成为世界上最大的“漏斗区”。

当你乘上京沪高铁向北出发，过了安徽淮河后，会发现河流、池塘越来越少；进入山东、河北境内，地面水基本不见，只见一个个机井不停地抽取地下水。

河北省衡水市工业发达，城市高楼林立，还经常荣登“中国十大污染城市”行列。衡水的工农业、生活用水主要靠抽采地下水，部分生活用水的井已打到七百米，再往下打就是地热层，那水不能吃了。还有一些企业将工业污水通过深井排入地下。

据说河北省地下水只能开采30年左右，有的地方还不到20年。听了当地人的介绍，在衡水宾馆，我吓得连澡都不敢洗，那可是洗孙子的水。

长江水通过南水北调工程流到北京、天津，但无法为华北地区的山东、河北供水，那么缺水地区怎么办？水是生命之源，一旦城市没水，将成为废弃的鬼城。

改变华北地区缺水状况，首先从节约用水开始，建立可循环的污水处理系统，处理后的水用于工业、农业用水。华北地区面临渤海、黄海，可兴建海水淡化厂。目前国内反渗透膜法海水淡化技术已成熟，如果能享受平价电费，海水淡化的成本与目前城市供水成本接近。只要当地政府明令禁止开采地下水，给海水淡化厂优惠政策，就有可能从根本上改变缺水状况。

水污染之殇

兰州自来水苯含量超标事件

2014 年 4 月 10 日兰州发生自来水苯含量超标事件。兰州市威立雅水务集团公司检测显示，4 月 10 日 17 时出厂水苯含量、10 日 22 时自流沟苯含量、11 日 2 时自流沟苯含量均远超出国家限值。

2014 年 4 月 12 日原因已经查明：兰州自来水苯超标系兰州石化管道泄漏所致。2014 年 4 月 15 日，兰州主城区的城关、七里河、安宁、西固四区已经全部解除了应急措施，全市自来水恢复正常供水。

西北高原的明珠——兰州，黄河穿城而过，古丝绸之路的重要门户。当我们听到此消息后感到非常吃惊，作为甘肃省政治、经济中心的省会兰州，供水管道竟然还用什么 60 年前的自流沟。现在城市的排污管道都是水泥涵管，没想到兰州人民吃水用的管道比污水管都差。

当我们第一次听到外资的威立雅水务集团公司时，后脑勺在发凉。没想到老外还能够卡住 360 万兰州人民的脖子，真佩服兰州领导招商引资的“大无畏”气魄。

据说兰州自来水苯超标原因系 20 世纪 80 年代兰州石化管道爆炸泄漏所致，30 多年来，兰州人民还蒙在鼓里。以前剧毒农药的主要成分为苯，没想到如今兰州人民都成为“农药桶”，可怜的市民向外资的威立雅、兰州石化连讨说法的门都找不到。

“11·22”青岛黄岛输油管爆炸事件

2013 年 11 月 22 日上午 9 时发生在青岛黄岛的中石化黄潍输油管的爆炸事故，爆炸现场浓烟冲天。2014 年 1 月 9 日，青岛中石化“11·22”特大事故认定为责任事故，事故共造成 62 人遇难，直接经济损失 7. 5 亿元。

事故主因是输油管路与排水暗渠交汇处管道腐蚀变薄破裂，原油泄漏，流入排水暗渠，挥发的油气与暗渠中的空气混合形成易燃易爆气体，在相对封闭的空间内集聚。

渤海是中国唯一的内海，环渤海湾地区是中国三大经济区之一，是我国东北、华北的出海通道。青岛输油管的爆炸，炸飞了62条鲜活的生命，炸翻了渤海本以脆弱的生态环境，也炸碎了中国人期盼改善环境的梦想。

事故发生后，民间环保组织起诉中石化，被告知不具备法人主体资格不予立案，后达成和解由中石化赔偿1亿元作为环保基金。现在网上很难查询到相关资料，只有抢险现场领导有方、消防队员英勇顽强的镜头。

人们要问：青岛市、中石化一些官员受处分有何用，换个地方可以官复原职，能安抚62个人的灵魂吗？渤海湾污染的创伤何年才能修复？1亿元环保资金在哪？如果受害的青岛、环渤海湾地区人民都不具备起诉资格，难道让62个冤魂和渤海的黄鱼、对虾去龙宫找海龙王起诉吗？

四面“霾”伏

沈阳遭遇严重雾霾

新华社报道：2015年11月7日开始，辽宁省除丹东、朝阳、葫芦岛外，其余11个城市达到重度以上污染。

8日，沈阳市遭遇6级严重雾霾污染，全市PM2.5均值一度达到1155，局地雾霾指数一度突破1400。

沈阳市城区被灰白色的烟霾笼罩，能见度不足百米。市民出门感觉空气辣眼睛、嗓子难受，很多人戴上了口罩。

看完新闻后，感觉到自己的嗓子在痛，心更在痛。

十几年前，人们不知道什么是雾霾，更不知道什么PM2.5。如今中国大地从北到南四面“霾”伏，甚至波及中国最南端的海南岛。前段时间，我去过河北几个城市，令人吃惊的是，没见到过太阳，只见天空灰蒙蒙的“白雾”。

这些年来，雾霾的成因社会上议论纷纷，说是汽车尾气、工地扬尘、燃煤锅炉，甚至说厨房油烟，中国顶级的环保研究机构至今也没有确切分析出雾霾的真正原因。如果将厨房油烟看作是雾霾的元凶，总不能不让大家吃饭吧。北京奥运会、北京APEC会议，周边大部分冒烟工厂停产，汽车单双号限行或市民放假，人们见到了“奥运蓝”“APEC蓝”的奇迹。

中国宇宙飞船上天，大飞机下线，我们不相信能搞不清雾霾成因，可能另有隐情吧，直到沈阳市遭遇严重雾霾，环保部才透漏了一点风声。

《天空飘来五个字，“环保法何在”》

针对连日雾霾现象，环保部督查组在东北三省发现了大量环境违法行为，包括齐齐哈尔市黑龙江黑化集团有限公司、华电能源股份有限公司、葫芦岛市国电润泽热电有限公司等多家企业或旗下公司因超标排放被环保部点名。

环保部通报指出，个别企业未严格落实应急措施要求；部分燃煤企业存在超标排放、治污设施建设不完善或未正常运行等问题；燃煤供热企业锅炉环保设施建设、运行问题突出；一些建筑工地、物料堆场未落实防扬尘措施。

被环保部点名的几家企业，多为燃煤企业。我们已知道，尽管燃烧秸秆之类对雾霾“亦有贡献”，但它的程度远不如燃煤来得暴烈直接。按照业内专家的说法，燃煤对PM2. 5浓度贡献率在61%左右。但是为什么，对付燃烧秸秆的农民相关部门可以做到“上午烧秸秆，下午就拘留”，而在对一些出现“大量环境违法行为”的工业企业时，相关部门却只是“点名”了之?

从2015年开始施行的新《环保法》，被称为“史上最严”。人民希望天空飘来五个字，不是“那都不叫事”，也不是网络图片上的“东方饺子王”，而是“环保法何在”。(《新京报》，杨耕身)

为什么一篇文章能引起如此关注，被称为“史上最严”的新《环保法》是真老虎还是假老虎？面对土地污染、河流污染、大气污染，还有水荒，人们期盼着新《环保法》像一把利剑斩断违法者的黑手，还人民的青山绿水、蓝天白云。

环保部门应依法办事，对违反《环保法》，造成严重污染的企业负责人，无论是上市企业还是大型国企，无论官大官小，法律面前一律平等，都将绳之以法。

以习近平为首的党中央正大力推进依法治国，我们相信只要按照《环保法》依法办事，让企业负责人不会污、不敢污，中国的青山绿水、蓝天白云就一定会到来。

雾里看花，股市聊聊吧

随着1990年12月19日上海证券交易所，1991年4月11日深圳证券交易所的正式开业，中国资本市场揭开了崭新的一页。中国股市伴随着跌宕起伏、风风雨雨走过了20多个年头，作为观望者，就雾里看花，股市聊聊吧。

掀起你的盖头来

上证所开业挂牌前股票仅有8只股票，人称“老八股”。当时，人们对上海人炒股票不理解，认为是吃饱撑着。1993年后，全国地级市的证券公司从人民银行里独立出来，上市公司数达到200个左右，由此拉开全民炒股的序幕，中国股市终于掀起盖头来。

购买爱国股

1992年5月至11月，上证指数自1429点跌至386点；1993年2月至1994年7月上证指数自1558点跌至326点。由于当时人们的心理承受能力差，市场的波动引起了社会的恐慌，要求关闭中国股市的呼声高涨。

为了提振股市，各单位要求领导干部带头买股票，当时很多人将股票视作洪水猛兽，抵制情绪严重。为了完成上级下达的任务，各单位开动员会，说是买爱国股票，最后按官职大小摊派。

张先生是某市财政局一科长，全局人员的股票都交张科长打理，张科长因此成为中国第一批股民。张科长的聪明才智为这些爱国者赚得盆满钵满。随着股市的回暖，上面红头文件又通知：严禁领导干部炒股票。令人敬佩的是，张科长为了爱国竟忍痛辞去令人羡慕的公务员岗位，到上海专职炒股，他手下还有一个炒股团队，几年时间一不留神成为亿万富翁，张科长因此成为“张亿万”。

不知是裁判员，还是运动员

证券公司的角色到现在也让人搞不清，营业部作为股票交易场所，证券公司不仅收股票交易费，还能自己经营股票。

一证券公司某营业部为了提高自营收益，从上海证券交易大厅挖了一个红马甲小马做自营股票，由于小马业绩显著晋升为营业部经理。

营业部按投资大小，分大户室、中户室，其他人在大厅里看大屏。该营业部为了抢大户，除了配备大包间，供茶水、午餐，每天还派车去浦东，将“张亿万”从家里接到浦西营业部。

1995 年 5 月，马经理得知证监会将要关闭国债期货交易市场，于是从一些银行拆借资金，一上午就筹集了几个亿。当时有千万资金的股民不多，明知股市将要暴涨只能干瞪眼。1995 年 5 月 18 日，证监会宣布停止国债期货交易的第二天，沪深股市突然人气爆棚，股价暴涨。三天时间，马经理十几人的小营业部赚了几千万元。

没想到 20 多年后，证券公司还可以给股民融资融券，称什么金融杠杆。一旦保证金余额不足将强行平仓。证券公司开场子，又自营，又放债，真搞不清楚是裁判员，还是运动员。

乌鸡变凤凰

十几年前，中国股市还缺乏规范，监管不到位。由于通信网络不发达，信息只有在报纸、电视上获取，股民很难得到真实的信息，经常被不诚信的上市公司“忽悠”。

银广夏事件

广夏（银川）实业股份有限公司，现证券简称为 ST 广夏（000557）。1994 年 6 月上市的银广夏公司，曾因其骄人的业绩和诱人的前景而被称为“中国第一蓝筹股”。2001 年 8 月，《财经》杂志发表“银广夏陷阱”一文，银广夏虚构财务报表事件被曝光。专家认为天津广夏出口德国为“不可能的产量、不可能的价格、不可能的产品”。以天津广夏萃取设备的产能，即使通宵达旦运作，也生产不出所宣称的数量；天津广夏萃取产品出口价格高到近乎荒谬；对德出口合同中的某些产品，根本不能用二氧化碳超临界萃取设备提取。

银广夏事件可能是中国股市第一个大丑闻，然而在骗局戳穿前，媒体铺天盖地宣传轰炸，说什么银广夏在腾格里沙漠的边缘选择2万亩种植麻黄草，引进国际领先的德国萃取设备，将建成中国最大的麻黄素生产基地。

当时我就有疑问，麻黄草能够在没有水的沙漠上种植吗？种草也算不上高科技，从大西北运到天津加工，运费很高吧？吹捧的德国萃取设备也是云里雾里。

银广夏事件发生后，银广夏董事局副主席兼总裁李有强被判处有期徒刑2年6个月，并处罚金3万元。中国证监会对银广夏公司罚款60万元，不久银广夏被中联实业重组。中小股东经历了漫长的维权路，2007年5月27日，银广夏以资本公积金转增股本，向中小股东支付了543．5万股赔偿股份。

2001年6月至2005年6月上证指数自2245点跌至998点，跌幅达55%，历时近4年。

银广夏的骗局丑闻，严重伤害了广大投资者对股市的信心，没想到十几年后的银广夏阴魂还在，改名ST广夏，又准备重组等着“乌鸡变凤凰”。

大学生来了，准备跳崖吧

2013年有新闻报道：黄金大战鹿死谁手？中国大妈PK华尔街。这似乎是一则“蚂蚁将大象推倒”的笑话，不久之后黄金出现了断崖似的下跌。同样股市也两次出现断崖式下跌，叫做“大学生来了，准备跳崖吧”。

2005年6月6日至2007年10月16日，沪指从998点开始，创出6124点的历史最高点。且不谈什么利好因素支撑着这轮牛市，当沪指上行到5000点时，社会都变得疯狂，马路没人扫了，证券公司挤满了开户的人，这时杀出来一批黑马——大学生。

如果我们理智地分析，扫马路的、在校大学生都能看出的商机，那就不是商机。当时一些朋友问我是否跟进，我告诉他们“大学生来了，准备跳崖吧”。

2007年10月16日至2008年10月28日，沪指从6124点狂跌至1664点。一些朋友问我：股市暴跌让人心寒，现在会不会跌破1500点。我告诉他们：不要猜测最低点是多少，只要不是垃圾股，很多股票都跌破发行价甚至净值，你现在建仓以后会有牛市的。

2014年7月后，沪指从2000点一路飙升至年末的3200点上，2015年6月12日升至5178最高点，可能是融资融券支撑着这轮牛市。当沪指上行到4500点以上时，又重现2007年时的场景。当时有朋友问我是否跟进，我重复以前的话“大学生来了，准备跳崖吧”。

听党话，审时度势

在中国特色社会主义市场经济里，政府的产业导向、宏观调控对经济的影响巨大，中国股市成为经济的晴雨表。

听党话，跟党走

一大学经济学林教授是我国第一批股民，他说：我没有时间看股市，K线图也搞不懂，我记住一句话“听党话，跟党走”。

国家出台鼓励发展汽车产业，汽车股暴涨，我跟风也来不及，就满仓做汽车玻璃的福耀玻璃股票，待大家回过神来我将股票抛掉买套房子，这套房子名字叫“福耀玻璃”。

分析中国环境污染的严峻形势，国家将推出新能源发展政策，于是满仓华能股票，国家新能源政策一推出能源股价大涨，林教授随后抛出买套房子，房子名字叫“中国华能”。

国家出台鼓励发展汽车产业，各省市纷纷将汽车作为支柱产业，大众、丰田“一女多嫁”在各地建合资厂，最后的结果一定是产能过剩，竞争激烈。林教授不仅听党话，抛盘的时机也把握很准。

国家推出新能源发展政策后，各省市纷纷投资风电项目，并将绿色能源作为政绩考核。风电受气候影响很大，每度电成本在1.2元左右，上网困难；而火电成本只有0.2元，且供电稳定。经济发达的美国也没有大力发展风电项目，我们却大力发展风电，为的是“面子工程”，现在我们见到的大风车很多是中国华能公司建的。

小散户整天盯着大屏看K线图，“股评师”眉飞色舞在忽悠，作为研究经济学的林教授不是看不懂，而是早就看透了那无聊的K线图。林教授能把握机会买进卖出，自称算不上聪明，只是个明白人。

现在还有人拿新能源说事，炒作什么电动汽车充电桩，真搞不清一个破电源插座有什么炒头，然而却有很多人乐此不疲。

电动汽车主要用于城市上下班使用，用不着在高速公路上建充电桩，目前供电部门、小区物业对建充电桩没兴趣。若能发展轻型、高效、安全的汽车电池或移动充电宝技术，电动汽车将会迅速推广，汽车电池制造企业、新型充电设备企业业绩将辉煌，相关股票一定会大涨。

把握靴子落地前的一刻

机会对人们是均等的，但只有具备超前眼光的人才能在市场中胜出，若大家都看到“赚钱”的机会时，那肯定不是机会。

售楼小姐

很多人认为开发商投入很大资金建成现房，而地基刚出土或结构封顶的期房投入的成本小，所以现房一定比期房贵。而售楼小姐告诉你相反的结论“期房一定比现房贵”。

售楼小姐在沙盘上指点的水景房只是条臭水沟，别墅山庄的山远在天边，售楼小姐卖的是美丽的愿景。一旦小区全部建好，一切都将水落石出。

媒体报道中国南车、北车在国外竞标中竞相压价，结果两败俱伤，为避免内耗，南北车有望合并。其实合不合并差不多，以前老外不买我们车头，以后也很难说，只是炒作概念。一朋友买了南车股票，之后利好消息不断，“二车”股价飞涨，南北车合并消息正式公布前，已涨了十几个涨停板，朋友问我能不能卖，我给他讲了售楼小姐的故事，他当即卖掉股票，美美地赚上一笔。其实炒股与售楼的道理一样，愿景永远是美好的，千万不要等到靴子落地的那一刻。

“一带一路”美丽的大蛋糕

“一带一路”的战略构想作为国家的战略层面，同时“一带一路”的战略构想也不可能在短时间内实现。不过“一带一路”的概念在股市中被反复炒作。

墨西哥高铁

2014 年 11 月 3 日，墨西哥交通部宣布，中国铁建与中国南车及 4 家墨西哥本土公司组成的联合体，中标全长 210 公里的首都墨西哥城至第三大城市克雷塔罗高铁项目。然而三天后，墨交通部又突然发布消息取消该项目的中标结果。2015 年 1 月 29 日，墨西哥公布该项目二次招标，仅一天后，墨西哥称因政府削减 2015 年预算，决定无限期暂停高速铁路项目。

京沪高速铁路

京沪高铁是新中国成立以来一次建设里程长、投资大、标准高的高速铁路。2008 年 4 月 18 日正式开工，2011 年 6 月 30 日通车。线路由北京南站至上海虹桥站，全长 1318 公里，总投资约 2209 亿元，设 23 个车站。基础设施设计速度为 380 公里/小时。

对比中墨高铁后不难发现，墨西哥高铁在中国只算上二、三线城市的支线铁路，中铁一个子公司就可以搞定，犯不着联合 6 家国际公司建设，并且还需要中方企业融资。

墨西哥高铁项目中标前后，国内一片欢腾，将其比喻为“一个里程碑式的跨越，中国高铁终于真正实现了‘走出去’”，由此中铁、南车股票大涨。

我当时觉得墨西哥高铁概念不会长久，在墨西哥当地媒体揭露所谓第一夫人名下房产为中铁时就预感不妙，没想到墨西哥政府取消中标如此迅速，之后还把中铁当猴子耍。

2015 年 10 月 16 日，中铁与印度尼西亚联合体组建合资公司，中标印尼雅加达至万隆全长 150 公里的高速铁路项目的建设和运营。由于墨西哥高铁的教训，这次媒体低调很多，印尼高铁概念未能炒热。

冷眼看世界，跳出股市看股市

做企业可以不炒股，但一定要了解中国股市，所以我经常当朋友的“狗头军师”。

有人问：你谈股票一套套的，为什么不自己炒股？

答：做实业不敢去做股票，因为自己定力不够，常在河边走，说不定哪天会落水。

有人问：我天天看股评家节目，看 K 线图，从技术层面上分析股票走势，结果是屡战屡败。

答：研究经济学的林教授声称自己看不懂 K 线图，我就更看不懂了。股评家每天分析股市“上上下下的享受”，大牛市前为什么不告诉你？

有人问：你好像看透股市，那股票是买还是卖？

答：该买的时候买，该卖的时候卖。林教授能把握时机，是在于他看得透，能跳出股市看股市。

有人问：你两次说“大学生来了，准备跳崖吧”，难道大学生不能炒股吗？

答：不是说大学生不能炒股，而是我们要理性地炒股。银广夏沙漠种植园、证券公司开户爆棚、墨西哥高铁等，这些非理性甚至是骗局难道不值得深思吗？有人在同一石头上绊倒两次，若不理性思考，还会在同一石头上再绊倒。

有人问：我买了ST股票等着重组后股价暴涨，结果未重组成功，被深深套牢，大牛市ST股票都未涨。

答：ST股票就像茅坑里的石头又臭又硬，没想到你还敢碰。若ST被重组也只是茅坑里的大石头，ST广夏就是例子。大牛市的风口猪都会飞起来，只有茅坑里的石头飞不起来，就算飞起来，落地后还是个臭石头。

有人问：我最近中签新股，什么时候卖出？

答：恭喜你在2015年IPO重启后首批10只新股发行时能够中签，这次新股中签率只有0.2%，持新股的人都不会很早出手。新股发行能在证监会通过其业绩一定不错，新股好比新娘，新娘是女人最美的时光，一旦光彩退去，就是一个家庭主妇。涨停板时不要卖，若只涨8个点时应关注，涨到6个点时考虑出手，否则第二天可能会跌停板。

有人问：我应该买什么股票？

答：告诉你，该买什么股票我也不知道。只是建议你尽量少碰几种股票。茅坑里的大石头ST不要碰；技术含量低、微利甚至亏损的钢铁、水泥、建筑、航运、造船、农业、水利等行业尽量少碰；持有躺着都赚钱的四大银行、两桶油、电信移动股票无风险，只是盘子太大炒不动，他们也不分红，想赚快钱尽量少碰；看不透的股票，特别是光鲜亮丽的股票更要慎重，尽量少碰。

常说无风不起浪，分析中国股市三波大牛市源头可以看出，证监会宣布停止国债期货交易、中国4万亿元刺激经济、融资融券这些超级台风一定会掀起巨浪，有潮起就有潮落，大牛市伴随着大熊市。像炒墨西哥高铁，炒充电桩只能算是阴风，有时阴风也起浪，只是来得快去得也快。

炒股一定要保持清醒的头脑，理性地分析市场，这样才能够把握住风向，随着潮起潮落的节奏，稳坐钓鱼船。

二孩后的忧虑

2015 年 10 月 26 至 29 日，十八届五中全会在北京召开，主要议程是研究关于制定国民经济和社会发展第十三个五年规划的建议。

十八届五中全会两大热点

提高教育质量，推动义务教育均衡发展，普及高中阶段教育，逐步分类推进中等职业教育免除学杂费，率先从建档立卡的家庭经济困难学生实施普通高中免除学杂费，实现家庭经济困难学生资助全覆盖。

促进人口均衡发展，坚持计划生育的基本国策，完善人口发展战略，全面实施一对夫妇可生育两个孩子政策，积极开展应对人口老龄化行动。

我国于 1982 年把计划生育作为基本国策，至今已有 30 多个年头，对控制人口过快增长成果显著，但同时也带来了新的社会问题。人们关注五中全会的二孩政策，其实二孩政策只是一个点，老龄化只是表象，而二孩后的忧虑值得深思。

城乡计划生育政策缺乏统一性

过去计划生育政策限制城市一对夫妇只生一个孩子，再婚夫妇若男方已有孩子，女方就是大姑娘也不准生育，一旦违反将开除公职。在计划经济时代若没有公职，就意味着没有饭吃。

农村一对夫妇可以生两个孩子，多生将罚款，甚至将孕妇送到医院强行流产，计生罚款成为乡村有关部门的摇钱树。要想超生需搞定关系，若搞不定则孕妇像“超生游击队”一样出门躲避。

少数民族可以不受计划生育政策的限制。

城乡资源利用失衡

城里人的素质、教育水平及城市的学校、医疗条件远高于农村。一孩政策使城市的优质资源没有充分得到利用，加速了城市老年化的进程。

城市的“50后”“60后”的很多人去过农村插队或在工厂里做工，由于教育程度低，他们把希望都寄托在独生子女身上，忙于择名校、考重点。

农村的“60后”“70后”多数为小学、初中文化。农村里没有幼儿园，近年来只是乡镇才有幼儿园，学龄前儿童只能待在家里或由老人带着。农村学校的教学质量普遍不高，英语在初中勉强开课。随着农民工子女进城，农村的很多学校撤并到乡镇、县城，在农村上学的孩子成为留守儿童。

城里虽然有闲置的教育资源，由于户籍限制，进城的孩子很难上公立学校，最多能上到初中毕业。

人力资源结构扭曲

中国经济高速增长，而社会教育远远落后。高考的指挥棒调动着千军万马，家长很少注重孩子的素质教育和劳动观念的培养，造成人的心态扭曲。

中国成为世界工厂得益于制造业的发展，制造业是支撑国家持续发展的基础，而制造业发展的关键是有一大批懂技术、高素质的产业工人。如今职业教育快没了，中国制造业的优势正在弱化。

2016年高校毕业生近770万人，独生子女占很大比例，无论是城里还是农村的高校毕业生多愿意坐办公室，很少有人愿意当工人。由于教育脱离实际，大学生很难尽快胜任工作岗位。

美国劳工的劳动生产率是中国的7倍，中国高素质的劳工被高校学生分流，剩下在一线的产业工人多是初中毕业的“80后”“90后”新生代农民工。很多人不愿学技术，没有“60后”吃苦耐劳的精神。只怕10年以后，“60后”“70后”的老人在干活，“90后”“00后”的年轻人在玩手机。

二孩愿意生吗，素质如何？

理论上讲二孩可以缓解老龄化问题，问题是愿不愿生，人的素质如何？

城里人老是惦记着生娃、带娃、上学、择校、房子，生二孩的欲望不强。新生代农民工虽然城里无住房、收入低，但生二孩的欲望较强，当二孩出生后生活、教育面临诸多问题如何解决却很少考虑。如果这些问题不解决，二孩难以成为高素质的人力资源。

二孩政策应对老年化的希望

我们看到五中全会除了二孩政策，另一个亮点是：普及高中阶段教育，逐步分类推进中等职业教育。

中央高层已经意识到二孩政策应对老年化问题，更重要的是提高人的素质，将高中纳入义务教育范围，推进中等职业教育。

如果单从城市户籍人口看，上海、北京等特大城市老龄化比例很高，若综合新生代的农民工群体，实际上老龄化比例并不高。几年后，新生代的农民工所交的社会保险金与本市户籍人口相同，待新生代农民工“退休”回原籍后，只能带走个人缴纳部分，大部分留在该城市，所以老龄化对特大城市影响很小。

内地很多的三、四线城市为人口净流出城市，由于经济不发达，就业机会少，目前地方养老金存在缺口，以后形势将更加严峻。只有发展经济，留住年轻一代，才是解决人口老年化的根本。

所以城市在鼓励生二孩的同时，应为外来农民工子女生活、上学提供便利，让他们为城市建设的同时，也享受城市发展的成果，并为城市建设不断地输送高素质的人力资源。

女大学生嫁“富二代”无可非议

现在社会上热议“干得好，不如嫁得好”，“女大学生忙嫁富二代，男生何去何从”。很多人认为“富二代”是只会飚车、坐享其成的纨绔子弟，同时又有很多女孩愿意嫁给“富二代”。

前段时间，杭州“富二代”飚车撞人事件被炒得火热，似乎“富二代”都是只会飚车的败家子。

人们关注“富二代”开宝马飚车事件，而真正的“飚王”是驾着面包车在高速公路上开，被河南郑州交警拦下的 12 岁男孩。其实，“富二代”的败家子只是少数，大多数人还比较优秀。

“富二代”会比普通人更优秀吗？

答：父母尽可能让子女接受良好的教育，甚至送到国外上学。在家庭影响下，他们见识广，加上经济条件好，做事成功的概率会更大。而普通人受环境、家庭条件限制，成功的难度较大。

草根创业一族，算是“富一代”，社会对他们看法不一。

答：草根创业一族，其酸甜苦辣可以写一本书。一些人误认为他们财富是靠官商勾结，其实大多数人想勾也够不上。当你去菜市场、小饭店、路边店看看这些草根老板，就会明白创业的艰辛。

社会热议“富二代驾奥迪 A4 停在上戏门口招徕无数清纯 MM 搭讪”，“富二代一枚豪华戒指就能将六成女大学生收入囊中”。

答：你能相信这些吗？若真有此事，驾车人可能是败家子或骗子。普通奥迪 A4 车价只有 20 多万元，算不上高档车，还不知车子是否借的。所谓上戏“清纯”MM 是否为假冒，而“一枚豪华戒指就能将六成女大学生收入囊中”，其戒指是否为几十元的山寨货？这些都值得思考。只是希望女大学生不要让骗子骗了色又骗了财。

您对“女大学生忙嫁富二代”有何看法。

答：女大学生愿意嫁“富二代”，希望生活过得好些，大家应多给予理解。中国民营企业家太少，德才兼备的“富二代”更是稀缺，所以女大学生选择德才兼备的如意郎君无可厚非；而不必勉强嫁给“富二代”，否则很容易一不留神可能会嫁给一个“空心大萝卜”。

城市交通聊聊吧

近年来，交通堵塞困扰着大中小城市，北京成为“首堵”。虽然城市的道路建设快速发展，但远远不能满足需要，通行速度慢、堵塞已成为常态，短时间内不可能建成很多的地铁、高速路。交通管理上还存在着诸多弊端，垄断的出租车利益集团没有打破。

为缓解交通压力，发挥现有的道路资源，改革交通管理体制，为城市交通的长期健康发展，我们就城市交通聊聊吧。

恢复私车牌照竞价拍卖方式

上海实行私车牌照拍卖 20 年，控制了新增机动车总量，缓解了交通压力，车牌的巨额收入又投入到交通建设中。高价的车牌被讥讽为世界上最贵的铁皮，然而多年来上海顶着巨大压力，如今人们都感叹上海的睿智。而当年对此提出反对意见的许多城市，像北京成为“首堵”，其他城市也是堵车严重。北京现在搞什么车牌摇号，超百万的摇号大军创下了世界之最。

2013 年 10 月以后，上海对私车牌照拍卖实行警示价，结果是最后几十秒拼网速、软件、运气。车牌价虽然在 8 万元左右浮动，但伤害的是公平和公信力，让“黄牛”兴风作浪。

主管部门实行警示价的初衷是防止车牌价暴涨，实际上 20 年来车牌竞价只有一次突破 10 万元。如果车牌能涨到 20 万元，一年能有 200 亿元用于建地铁、道路，造福 2400 万上海人民，有什么不好？

加速公车改革

中央第一批公车已拍卖完，不知地方的公车改革何时进行。政府、社会团体、事业单位、国企的官员工作岗位主要在办公室，既然是公车，只能用于工作，而上下班、私事不可以用。官员开会、调研可集体乘面包车或打的，再者尽可能少开会，用电话、视频解决。如果以后官员上班、调研能够乘公交，这样可以贴近百姓，倾听民声，再不用劳驾记者的采访车，何愁城市交通不畅！

央视报道北京有公车 70 万辆，上海估计有 30 万辆，像宝钢、石化等央企上面冒烟污染环境，领导屁股冒烟还享受免费车牌。如果北京能减少 60 万公车、上海能减少 20 万辆公车，每年节省司机及使用费数百亿元，可同时缓解道路拥挤状况。

打破出租车公司垄断，让市民享有便捷、价廉的服务

出租车是无技术含量、最传统的行业，真不明白中国改革开放 30 多年，出租车市场却被几家国企、合资出租车公司垄断。结果是车子多年未增加，市民打车困难，价格是年年涨，司机埋怨“份子钱”高，政府还补贴。主管部门不是想办法让市民享有便捷、价廉的服务，当滴滴打车出现时却如临大敌，挥舞着狼牙棒欲置于死地。

无需争议什么创新模式，多年来，城市打车难、打车贵，难道主管部门对此不值得反思吗？

改变现状必须打破垄断，引进竞争机制。出租车营运证（含车牌）是社会公共资源，不能永远成为垄断企业的免费午餐。新增营运证可采用每季度竞价拍卖，让新公司或个人参与，原出租车公司以现有的保有量限购，避免新增营运证被他们重新垄断。

原出租车公司已免费占用大量的营运证，当车辆报废时，营运证作废，新增车辆营运证需竞拍。5 年后，原出租车公司免费的营运证到期作废，出租车市场将会出现公平的竞争格局，市民能真正享有便捷、价廉的服务。政府不用再搞财政补贴，交通部门也不用搞“逢听必涨”的听证会。

大力推广使用新能源车，减少空气污染

近年来，中国城市空气污染严重，海滨城市的上海也四面“霾”伏，汽车尾气排放是元凶之一。中国是世界上最大的石油进口国，能源安全形势严峻。

新能源车虽然有政府补贴、送车照，建公共充电桩，甚至建到京沪高速，但推广效果不佳。

目前住宅小区没有充电桩，很多小区已车满为患。上海嘉定安亭仅有少量充电桩，若充满电可能回不了家就趴窝。加油站虽然有条件建充电桩，但石油老大能让你“与虎谋皮”吗？

推广新能源车首先应减少燃油车牌的投放量，可以在有条件的老小区建公共充电桩，在公共停车场、办公楼安装充电桩。尽早立法规定新小区、办公楼留有一定比例的新能源车停车位，并建公共充电桩。公共充电桩的管理，可采用刷卡计算用电量及停车时间。

推广新能源车可以减少环境污染，大幅降低使用费用，使中国自主品牌的新能源车得到快速发展，避免再出现像燃油汽车洋品牌一统天下的覆辙。

中国60%以上的原油依赖进口，而石油供给国大多集中在火药桶的中东和非洲，霍尔木兹海峡和马六甲海峡是运输石油的必经之路，中国的能源安全形势严峻。目前中国的电力能够满足现有新能源车的用电需求，待全面推广后，国家只需新建几座核电站。新能源车的推广，可促进中国核电的发展，保证中国的能源安全。

推广新能源车并不难，首先制定推广新能源车法规并严格执法，充电能享受民用电价，政府数亿元新能源车的补贴就可以尽早取消。

加强高速路车道监管

市郊高速路为双向 6 或 8 车道，行驶车辆为小车、大货车。其通行速度慢、易堵塞、事故频发，主要原因是快慢车道划分不合理，监管不力。

高速路的快慢道划分只是限速。目前快慢道很少用实线分割，货车可以随意变道，并长时间占用快速道，甚至货车并排占用单向全部车道，造成高速公路通行速度慢、堵塞。因货车变道机动性差，并与小车争抢，极易出现交通事故。高速路上行驶的车辆多数为大型货车，一旦出现事故，将造成人员财产的重大损失。

建议快慢车道用实线划分，大货车、大客车在 3、4 车道（慢车道）行驶，在某路段 3 车道为货车超车道（快车道），1、2 车道原则上只限小车通行。在现有电子监控器上加装违规变道、占道程序，严格执法。

增加左转弯车道及转弯信号灯

市区主干道交叉路口多数有左转弯车道及转弯信号灯，虽然车流大，交通还比较有序。郊县干道很多是双向 4 或 6 车道，车流量相对市区少，但大货车较多，由于很少设置左转弯及掉头车道，绿灯时直行车辆与左转弯车辆抢道，通行速度慢，极易出现交通事故。

不少郊区道路中间有绿化隔离带和机非护栏，路况条件很好。由于没有转弯信号灯，当绿灯亮时，直行与左转弯车辆抢道，当大货车左转弯时，由于转弯半径大，车速慢，易将双向几个车道全部堵塞，结果是直行车辆无法快速通过，左转弯车辆也不通畅，交通事故频繁。如果路口没有交警，有时整个道路会瘫痪。

突发事故的反思

上海城市交通发展，远远跟不上车辆增加及人们出行的需求，特别是上下班高峰，交通压力巨大。交通一旦出现突发事件，可能会瘫痪一片区域，甚至是半座城。

上海中环线高架车祸瘫痪半个城

2016 年 5 月 23 日，严重超载的 4 辆装载水泥预制管桩的重型货运车违法驶入中环高架道路，其中一辆车侧翻，造成沪太路处的中环高架道路梁柱受损，受此影响中环线、沪太路一段道路封闭，上海西北区域交通近乎瘫痪。该事故反映城市交通的脆弱，一处出事瘫痪半个城。

上海自三月底启动道路违法整治行动以来，道路交通秩序和通行能力显著改观，然而两个月不到，竟出现中环高架道路受损的严重事故。

中环高架道路事故虽然是突发事件，但暴露的问题是多方面的。

（1）严重超载：货车核定载重量 55 吨，实际超过 100 吨。

很多运输企业为降低成本超载成为常态，超载容易损坏道路，危及人身安全。为避免警察查处，很多超载车辆选择夜间运输。根治超载须从源头抓起，所有货车应加装限重仪，超重时车辆自动熄火。

（2）违法上高架：严重超载的重型货车明知禁行，竟违法驶入中环高架道路。

司机为了省油，同时避免警察查处，选择夜间上高架。严重超载的重型货车对道路及人身安全造成巨大威胁。道路虽然有监控，然而夜间形同虚设。目前对违反禁行行为仅对司机罚款 200 元，扣 3 分。为震慑此违法行为，对重型货车违法驶入高架道路按交通肇事罪论处，并对运输企业重罚。

（3）设计缺陷：柱头牛腿过短，当重型货车靠边行使道路板容易倾覆。

中环高架路流线形很美观，柱子小巧使地面道路宽畅，然而高架道路两端悬臂尺寸太大，在小型汽车、客车通行情况下没问题，但在超载的重型货车靠边行使的情况下，路面板向一侧倾斜，所有重量都集中在柱头边缘导致压碎，造成路面倾斜 40 厘米。虽然中环高架道路符合设计要求，但在极端情况下容易出现问题。今后设计柱牛腿应加长，柱头支点增加至 3 个。

城市交通支撑着城市的繁荣和发展，交通建设和管理的滞后，所造成的时间成本、能源消耗、空气污染及安全的代价巨大。如果交通瘫痪，整个城市就会变成死城。

城市交通面临的问题及困难很多，需要交通部门及市民共同努力，可以从小事、简单事抓起，倾听市民的诉求，很好地发挥现有的社会资源，愿城市的明天更美好。

惊叹上海世博会民企 2000 万元只能买个球

上海世博会已过去 5 年，为中国经济建设作出重要贡献的民营企业，面对市场的竞争压力、垄断企业的夹击，生存环境比以前更加严峻，他们呼唤有平等的市场环境，真正的国民待遇。

中国民企馆虽然躲在一个角落，但是在上海世博会这个国际大舞台，算是有了一席之地。惊叹民企馆的策划导演，其技艺远超大导演张艺谋。他充分展示民企 2000 万元只能买个球。

入口处玻璃地板下，隐隐约约看见气球上标有万科、红星美凯龙……

中国民企对国民经济贡献率达到 60%以上，宁波市民企贡献率更是达到 83%，创造了 70%以上的就业岗位。如果没有民企，中国经济不可能高速发展；没有民企创造大量的就业岗位，中国就不会稳定。

世博会上每家民营企业花费 2000 万元买个球，也只是个“地下工作者”(玻璃地板下)。雷锋做好事不留名几十年来深入人心，不过我们不明白，在当时没有追星的狗仔队，雷锋的事是怎么被发现的?

圆形大厅顶棚吊着象征嘴巴、耳朵的物体，上下移动。根据观众鼓掌声大小，灯光会产生明暗、色彩变化。

物体移动可采用机电控制，灯光明暗、色彩变化可采用声光电子控制，这点技术一般企业都能够实现。如果认为这代表中国民企的高科技水平，那么他妈妈该叫他回家吃饭了。

走道两边，立着用名片拼成的人物行走的模型。

很多民企老板曾经是走遍天下的推销员，名片是闯天下的武器。商场如战场，既然骑在虎背上，一旦停下将死无葬身之地，只有不断地向前走。

表演大厅顶棚吊着无数气球铺天盖地，一会儿压下来，一会儿翻波浪，一演员随着气球变化打起太极，摔倒、爬起来……，终场演员手里抱一个球。

气球铺天盖地压下来、翻波浪，表示当初社会观念、仇富，将民企视为另类压制，政策像波浪一样变化。面对社会环境，面对垄断行业这些巨无霸，民企打起了太极，一会跌倒，一会爬起来，顽强抗争。最终每家民企付出 2000 万元，只能算个球。

在上海世博会展示的民企，如今命运大不相同。2015 年红星美凯龙已在香港上市，现在全国攻城略地。

2016 年，万科管理层却忙于出局保卫战。万科是中国最早的民营上市企业之一，在中国楼市高歌猛进的时代，成为中国最大的住宅房地产企业。创始人王石从最初就没有立志做成家族企业，只希望既有国有资本的支持，又能保持民营资本的活力，于是乎引进国企的华润集团入股。如今当“宝能系”成为第一大股东，万科合伙人只持有 4%股份时，方知大难临头。

目前，中国民企还缺少国民待遇，但投资环境有所改善。作为民企需要脚踏实地做事，若盲目地进行资本运作，对于企业发展而言，并非是万能良药。

得农民工者得天下

70年前，中国共产党实行土地改革，让耕者有其田，推翻了国民党统治，建立了中华人民共和国，归纳为“得农民者得天下”。

中国改革开放30年，亿万农民进城成为农民工，中国因此成为世界工厂，随着经济的快速发展，中国已成为世界第二大经济体。

今天的中国已融入世界经济体中，制造业是国民经济的根基，是立国之本。现在中国制造业面临投入不足、转型升级等很多问题，虽然互联网改变了人们的消费习惯，但只是一种工具，如果没有制造业，没有快递小哥，所谓的新经济只是一纸空谈。

中国不缺少博士、硕士，缺少的是高素质的农民工。中国经济要实现可持续发展，关键是劳动力资源，“得农民工者得天下”。

农村文明还很遥远

中国是个农业大国，而且农耕历史悠久，30年多来，随着中国城镇化建设加快，大批农民工进城，中国由此进入工业化时代。农民工虽然进城，但要改变观念任重道远，现代文明的路还很长。

大闹婚宴

一亲戚家住小镇北边的小李村，“五一”节李四家张灯结彩娶媳妇，新娘是邻村小王庄的王姑娘。婚宴上新娘的叔叔、伯伯老是抱怨菜不好，陪酒不尽兴，男方亲属考虑本家娶亲，尽量克制。随着肚子里酒精的增加，女方亲属言语更加难听，男方亲属实在憋不住以恶言相对，新娘的叔叔一下子将桌子掀翻，结果双方混战一场，最后在双方村长的调解下才休战，受伤人员送医院治疗。

我真搞不明白新娘叔叔掀翻桌子，以后如何面对他侄女。亲戚说："在我们这里算是很平常，前几天叔叔刚出院还到侄女家喝酒。"

农村人说话喜欢大嗓门，我们很不理解，面对面说话又不是听不见，何必大嗓门像吵架一样。看了《星光大道》我终于明白，农村空旷，叫孩子吃饭只有用大嗓门，说不定孩子在水里或树上，高亢的陕西民歌是在黄土高坡上练成的。

出生于20世纪五六十年代的亿万农民进城，成为中国第一代农民工，打工的收入远远超过黄土地的庄稼收成，农民工及家人的生活得到改善，同时城市的文明冲击着农村的传统观念，

很多农民工创业、经商，其中一些人成为百万、千万富翁。以前靠糊涂胆大赚钱的时代已经过去，如今赚钱拼的是素质。一部分老板在市场打拼中不断提高素质，成功抛弃小农意识而脱胎换骨；另一部分老板可能赚上一桶金，由于素质跟不上，最终从原点回到原点。

渴望妈妈的怀抱

第一代农民工在城里打工，他们将出生于"80后""90后"的孩子放在农村由文化素质低甚至是文盲的老人带养。婴儿只有几个月时间与母亲在一起，之后母亲又去城里打工，等到春节父母回乡后一家人才可以团聚，十几天后父母又回城里打工。

大家知道，小鸡觅食时不会远离母鸡，一旦小鸡走远或有风吹草动，母鸡会"咕咕"地召唤，小鸡会快速地跑到母鸡身边。小鸡最惧怕黑夜，当傍晚时分会钻到母鸡的翅膀下。

婴儿来到世上，一切都很陌生，只有在妈妈的怀抱里才会感到温暖、安全。同样婴儿也最惧怕黑夜，只有在妈妈身边，闻着妈妈的奶香味，婴儿才睡得踏实。婴儿由于抵抗力弱，最容易生病，当妈妈在身边时，孩子的情绪容易稳定。

城里的妈妈有产假，上班后双休日及每天晚上能够陪伴孩子。孕妇期间还进行胎教，婴儿能接受父母的早期教育。

农村的妈妈没有产假，为了生计早早离开待哺的孩子，爷爷、奶奶能够保证孩子温饱已很不容易，不可能代替孩子父母提供早期教育。

不少人认为小孩不懂事，待上学后老师会教育的。其实婴儿从出生起，就能辨别妈妈甚至是家人的气味、声音，肌肤的亲密和早期教育，能够培养孩子良好的性格。

城里的小孩从呀呀学语到走路玩耍，都由父母陪伴，小孩具备很好的语言表达能力和良好的性格。

农村小孩没有学步车，走路比城里孩子迟几个月；农村爷爷、奶奶没有精力去教育，只是顺其自然，小孩从他们那里只能学到只言片语，以至小孩3周岁左右语言还表达不清，可怕的是很容易导致孩子性格孤僻。

关　注

小孩都希望被大人关注，一城里小孩看着叔叔、阿姨在打牌，就站在一边唱《小燕子》，唱的过程中一直看着大家希望引起关注，唱完后问叔叔为什么不鼓掌，当叔叔鼓掌说“好听”时，小孩说：“谢谢！”小孩通过唱歌方式引起关注并互动，当时小孩只有2岁多。

农村小孩一般很少主动与人交流，习惯你搞你的，我搞我的，若想引起关注，可能会砸杯子，甚至直接将大人的牌搞乱。

巧 克 力

小孩都喜欢吃巧克力，一个3岁的城里小孩与一个3岁半的农村小孩相聚一起，城里小孩端着一盒巧克力说：“好东西大家一起分享，叔叔一个、阿姨一个、姐姐一个、宝宝一个。”于是城里小孩吃起分得的巧克力。

农村小孩抓起盒子里剩余的巧克力吃了起来，她爸爸不让吃，小孩躺在地上耍起赖，于是爸爸要打孩子，妈妈在旁边将巧克力送给孩子。

农村孩子的父母不知是否想过，打小孩会造成她心灵伤害，宠她会造成耍赖就能得到好处的错觉。

幼儿教育的缺失

多年来，农村没有幼儿园，小孩等到6岁去上小学。幼儿教育不是要认多少字，学多少知识，目的是启发孩子的智力，培养孩子良好的性格和习惯。

爷爷、奶奶要种地，要照顾孩子的吃穿。幼儿阶段孩子很顽皮，水塘、火源等危机四伏，爷爷、奶奶责任重大，无法代替父母担当幼儿教育的责任。孩子主要是与爷爷、奶奶交流，知识面很窄，甚至获得的是负能量的东西。

如今农民工的收入不算低，钟点工超 5 千元，月嫂上万元。孩子在婴儿期间教育已缺失，千万不能在幼儿教育上再缺失，父母应尽可能将孩子带到城里上托儿所，3 岁再送幼儿园。人有赚不完的钱，孩子一旦失去早期教育，养成不良的性格和习惯，以后再花多少钱也很难弥补。

婴幼儿期间是孩子成长的关键，无论是城里还是农村，孩子没有贵贱之分，社会应多关注农民工孩子，为他们创造基本的生活环境，孩子的父母应当改变观念，主动承担起教育孩子的责任，不能让孩子输在起跑线上。

愿义务教育的阳光普照大地

城里人为了孩子能享受优质教育资源，忙着购学区房、择校。然而，由于对非本市户籍人员子女上学的限制，只有少部分农民工孩子能上城里的公立学校。

农村的留守儿童，只有到家乡的农村学校上学。农村学校很难留住优质教师，英语、音乐课教学质量不高甚至开不了课。远离父母的孤独，孩子的人身安全、心理健康很是堪忧。

留守儿童不舍返城母亲哭喊：你们不能这样对我

2016 年 2 月 16 日，大年初九，成都邛崃临济镇瑞林村，小峰追着即将返城务工的母亲，哭喊着“你们不能这样对我”，喊声撕心裂肺，这一幕，成为这个新年最揪心的一刻。

小峰一直盼望着妈妈，终于过年了，妈妈植红玉回来了。小峰一头扑进妈妈怀里。小峰高兴坏了，他不再出去找小伙伴玩，寸步不离母亲。

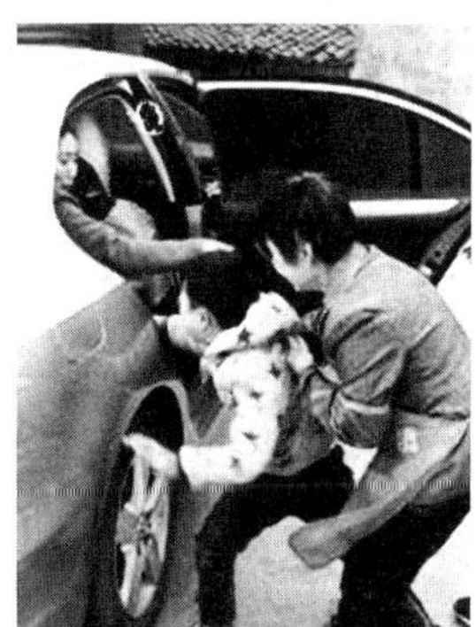

你们不能这样对我

16 日下午，朋友的顺风车停在屋前的马路边上，植红玉拉开车门，坐上了车，回过头朝向儿子说：“妈妈上班去了，你在屋里要乖。”这时小峰突然扑过来拉妈妈的手，哭着喊：“我要去，你们不能这样对我！”哽咽而凄厉，小峰最终被外公、外婆拉住。

妈妈走了，小峰朝着车的方向，撒腿就跑，一边跑一边喊：“我也要去，我也要去。”小峰跑得飞快，跑了一里路，最终被大家拦下来。

我的心很痛也很无助，城市里教育的壁垒，挡住了小峰及6800万名留守儿童的上学路。父母在外谋生，孩子在农村留守，我们不知道这样的留守经历会如何影响小峰的人生轨迹，长大后他又会以怎样的心态来看待这种过早的分离？若干年后又将“回馈”给社会怎样的重量？

让职业教育成为民工子女的教育之路

民工子女在城里最多只能上到初中毕业，高中必须回原籍就读，由于小学、初中阶段，城市的教材与内地不一样，高中的成绩很难提高，民工子女能考取大专都很不容易。

十八届五中全会提出：“提高教育质量，推动义务教育均衡发展，普及高中阶段教育，逐步分类推进中等职业教育免除学杂费。”虽然各城市还存在很多教育壁垒，但我们看到了职业教育的希望。

继续教育是提高学历、素质的又一通道

十几年前，小宇的父母来上海打工，为了孩子能上小学、初中，父母向学校交万元的赞助费，让小宇顺利地完成了9年义务教育。如果小宇要参加高考，需回原籍上高中，三年时间家人需租房陪读。小宇父母权衡利弊后决定让小宇读上海机械学校，毕业后小宇在一家公司从事设计工作，小宇还利用业余时间完成了复旦大学继续教育学院的本科学业。

我在《感谢您爸爸妈妈》一文中说过：“有一对在北方城市做生意的夫妇，他们托关系将孩子送到老家县城学校，然而孩子却指责父母只顾赚钱，没有很好地照顾他的生活。如果对父母都不知道感恩，上学有何用？我不相信心态差的人会有好成绩，会考上重点大学?”我预言很准，小孩在高三复读一年后只考上大专。

父母都希望孩子能享受优质教育资源，考上全日制的大学，最好是重点大学。农民工应从自身条件分析：农村教育条件差，远离父母的留守儿童，孤独感会扭曲孩子的性格，在缺乏温暖的环境下成长，很难有好的成绩。在城里上学的孩子算是很幸运，能上完一般的小学、初中已不容易，不可能去选择优质学校，回老家读高中能考上大专算是不错。

城里的职业学校一般有高中、中职两个文凭，职校门槛低、学费不高，如果让孩子先上职校，毕业后能很快适应工作岗位。如果孩子愿意继续深造，可以在

职读本科甚至硕士等，小宇的选择值得大家借鉴。

职场上短板

“农民工”是很尴尬的叫法，他们生活、工作在城市，有些人在城市购买住房，只是户籍在农村。

一代农民工虽然文化程度低，但他们能够吃苦耐劳，为中国制造业、为城市的发展作出了巨大贡献。随着年龄的增大，一代农民工将淡出市场，回老家安度晚年，成为农村新的空巢老人。

“80后”“90后”的二代农民工简称“农二代”，也称为新生代农民工，他们正成为职场的主力军。大部分“农二代”学历为初中，小部分为大专，本科以上更少。

初中学历的“农二代”主要是制造业、服务业的操作工，大专以上学历的“农二代”多数从事管理岗位。

“农二代”虽然学历高于“农一代”，但心理素质、敬业精神差距很大，这些与他们的教育条件、家庭环境有很大关系。

说爱你真的不容易

前些年我公司招聘一内地大专生小李，考虑其是预备党员，于是安排在设计岗位重点培养。代价是3个月时间，公司损失上万元，然而他对工作没有热情且心事重重，随后向公司递交辞职报告。

原因：户口在内地，无法融入上海社会，自己工资只有几千元，不知何时能在上海买套房子……，想想精神快要崩溃了。要改变身份状况，必须专升本、再考研。

农村孩子从婴儿到6岁，再从小学到大专毕业，对于一个农村家庭很不容易，小李在数以亿计的农村孩子中，能接受高等教育算是幸运儿。融入社会要靠自己，路在自己脚下，难道还需要白发苍苍的父母种地、打工挣钱为你深造、买房?

重复这些很恐怖

小杨是一位高中生，安排做纱窗、防盗窗，他说太简单；安排做阳台窗，他说太难；只好安排他开成型机。小杨整天苦瓜脸，似乎人们都欠他什么。

一天，他提出辞职，我问他什么原因。小杨说："早晨起来吃早饭—上班—吃中饭—上班—吃晚饭—睡觉，每天重复这些，想想很恐怖。"我当时吓了一跳，我说："早晨太阳从东方升起，晚上从西边落山，全世界可能差不多，美国总统也是上班—吃饭—睡觉，这么说总统的人生也没有意义。"

其实，奥巴马过得很滋润，打叙利亚、制裁朝鲜，还派军舰到中国南海游荡，忙得不亦乐乎。

我奋斗了18年才和你坐在一起喝咖啡

我的白领朋友们，如果我是一个来沪打工的民工，你会和我坐在"星巴克"一起喝咖啡吗？肯定不会。比较我们的成长历程，你会发现，为了一些在你看来唾手可得的东西，我却需要付出巨大的努力。

从我出生的那一刻起，我的身份就与你有了天壤之别，因为我只能报农村户口，而你是城市户口。绝大多数农民还在为基本的生存而奋斗，于是我要进城，要通过自己的奋斗获得你生下来就拥有的大城市户口。

考上大学是我跳出农门的唯一机会。我要刻苦学习，小学升初中，初中升高中，高中考大学，我在独木桥上奋勇搏杀，眼看着周围的同学一批批落马。激烈的竞争让我不敢疏忽，除了学习功课，我无暇顾及业余爱好，学校也没有这些发展个人特长的课程。

而你的升学压力要小得多，你可以有充足的时间去发展个人爱好，去读课外书，去球场挥汗如雨。如果你成绩不是太差，你可以在高三时有机会获得保送名额，哪怕成绩太差，也会被"扫"进一所本地三流大学，而那所三流大学我可能也要考到很高的分数才能进去，因为留给上海本地的名额太多了。

我们的考卷一样，我们的分数线却不一样，但是当我们都获得录取通知书的时候，所交的学费是一样的。学费加上其他费用，总共6.6万元，对于一个农村的家庭，这简直是一辈子的积蓄。同时任何一个家庭成员都不能生大病，而且另一个孩子无论学习成绩多么优秀，都必须剥夺他上大学的权利，因为家里只能提供这么多钱。

我在大学校园里汲取知识的养分，努力学习争取获得奖学金，假期打工挣点生活费，我实在不忍心多拿父母一分的血汗钱。

来到上海这个大都市，我发现与我的同学相比真是土得掉渣。我不会作画，不会演奏乐器，不认识港台明星。为了弄明白营销管理课上讲的“仓储式超市”的概念，我在“麦德隆”好奇地看了一天，我从来没见过如此丰富的商品。

我没摸过计算机，为此我花了半年时间在学校机房里学习你在中学里就学会的基础知识和操作技能。我的英语是聋子英语、哑巴英语，我的发音中国人和外国人都听不懂，我只能再花一年时间矫正我的发音。我真的很羡慕大城市的同学多才多艺，知识面那么广。

大学毕业后，我继续在上海读完了硕士，现在有一份年薪七八万元的工作，我的父母为我骄傲，因为他们的孩子在大上海工作。

我奋斗了18年，现在终于可以与你坐在一起喝咖啡。我已经融入这个国际化大都市中了，与周围的白领朋友没有什么差别。

我在上海读硕士的时候，曾经讨论过一个维达纸业的营销案例，我的一位当时曾有三年工作经验的同学，提出一个方案：应该让维达纸业开发高档面巾纸产品推向9亿农民市场。我惊讶于她提出这个方案的勇气，当时我问她是否知道农民兄弟吃过饭后如何处理面部油腻，她疑惑地看着我，我用手背在两侧嘴角抹了两下，对如此不雅的动作她投以鄙夷神色。

我是70年代中期出生的人，我的同龄人正在逐渐成为社会的中流砥柱，我们的行为将影响社会和经济的发展。把这篇文章送给那些在优越环境中成长起来的年轻人和很久以前曾经吃过苦现在已经淡忘的人，关注社会下层，为了这个世界更公平些，我们应该做些力所能及的事情，让社会责任感驻留我们的头脑。

我花了18年时间才能和你坐在一起喝咖啡。

（麦子2011年8月8日，节选）

几年前，我拜读麦子的文章，他写得很实很透。以上几个案例从不同角度反映来自农村的农民工、大学生及硕士生对待城市工作、生活的态度及心态，他们有一个共同点是自卑感，甚至是缺乏理想与信念。

很多人心中没有目标，甚至受高等教育及研究生教育的人们只是把城市户口作为奋斗目标，现在外地人可以在城市交社保，与本市户籍人区别不大，其实无论是外地人还是本地人最大的难关是购房，北京、上海、深圳400万元一套只能算小户型住房，不知麦子是否将购房列入目标。

一手好牌是否会打烂

改革开放为农民工创造了众多的发展机会，当城里人还在政府部门、国企的体制内为几十元、几百元工资奔波时，出国的、经商的农民工率先淘得第一桶金，问题是如何守住，并发扬光大。

乡村大别墅

20世纪90年代，我在建筑公司项目部，月工资只有几十元。我公司援建科威特的一批农民合同工回国被安排在我项目部，班组称为“老万班”。当时的“万元户”算是凤毛麟角，他们出国2年，净收入5万元，在上海能买1套小房子。

“老万”们每天吵着要回家盖房子，我给他们轮流放假。几个月后，“老万”的农村老家三层别墅很风光，他们口袋也瘪了，干活也安心了。10年后，一位“老万”来上海打工，与亲戚3家合租上海五角场一套房子，现在老家的豪华别墅2万元都没人要。

假如当年“老万”用5万元来上海经商，现在可能成为企业家。若在上海买一套房子，10多年来房价上涨10倍以上。“老万”对此并不后悔，因为在上海没有归属感，农村老家才是他们的根。

相形之下，我们公司的上海、广州、苏州、南京等分部老板，在本地买房甚至买别墅。安居才能乐业，他们将自己融入城市之中，完成农民工身份的蜕变。

很多人抱怨城市房价高，农民工很难融入城市，我想问一句，城里有房又如何？

归来吧，故乡的云

老牛一家在上海打工多年，十年前，老牛有些积蓄，别人劝他在上海购房。老牛虽然在上海赚钱，但对上海没有感情，于是在老家县城买了套房子。

老牛经常说：儿子成家，我这辈子任务算是结束。之后儿子娶个美女，生个男孩，又在上海买套房子，别人调侃说：老牛，你这辈子任务已结束，可以跳楼吧。

老牛夫妻俩岁数相加已超过120岁，还要打工挣钱、带小孩，儿子忙于打游戏，结果儿子媳妇离婚，将上海房子卖掉。如今老伴回老家县城照顾孙子上学，还要照顾儿子生活，老牛在上海打工真是任重道远，但愿老牛身体健康能干到100岁。

无论是城里还是农村，机会对人们是平等的，关键是能否抓住机会，有时候就是有机会也可能失去。农村的小农意识影响着他们的思维方式，不少人虽然有一手好牌，结果被打烂。

目前中国农民工的观念、留守儿童、教育藩篱等问题，严重影响数亿"农二代""农三代"的素质。如果社会现在还不引起重视，20年后中国改革开放的成果可能将毁于一旦，中国的制造业、服务业将"土崩瓦解"。

中国成为世界工厂，第一代农民工功不可没。如今社会发生了巨大变化，新技术、新经济成为社会的主流，中国的企业面临着转型升级等诸多挑战，"农二代""农三代"肩上的担子重如泰山。

中国改革开放30多年，经济得到快速发展，积累了雄厚的物质基础，已建立完整的义务教育体系。只要社会能够将农民工子女当成自己的孩子，让他们能平等接受教育，使之成为社会建设高素质有用人才，中国有信心再创30年的辉煌。

中国的民营企业主要集中在传统产业，10年、20年后，用工成本高，人员素质低，将严重制约企业的生存和发展。"得农民工者得天下"，是希望企业真正了解农民工，加快企业转型升级，降低用工成本。

常说"十年树木，百年树人"，要保证中国经济的可持续发展，人才的培养时不我待，中国等不起了。我想再说一句"得农民工者得天下"。